| | | | |
|---|---|---|---|
| 16 | 3 | 2 | 13 |
| 5 | 10 | 11 | 8 |
| 9 | 6 | 7 | 12 |
| 4 | 15 | 14 | 1 |

*Cet ouvrage, publié dans le cadre du Programme d'Aide à la Publication 2016 Carlos Drummond de Andrade de l'Institut Français du Brésil, bénéficie du soutien du Ministère de l'Europe et des Affaires Étrangères.*

Este livro, publicado no âmbito do Programa de Apoio à Publicação 2016 Carlos Drummond de Andrade do Instituto Francês do Brasil, contou com o apoio do Ministério francês da Europa e das Relações Exteriores.

INSTITUT FRANÇAIS
BRASIL

Liberté • Égalité • Fraternité
RÉPUBLIQUE FRANÇAISE

Michèle Petit

# LER O MUNDO

## Experiências de transmissão cultural nos dias de hoje

*Tradução*
*Julia Vidile*

editora 34

EDITORA 34

Editora 34 Ltda.
Rua Hungria, 592 Jardim Europa CEP 01455-000
São Paulo - SP Brasil Tel/Fax (11) 3811-6777 www.editora34.com.br



Título original:
*Lire le monde: expériences de transmission culturelle aujourd'hui*

Imagem da capa:
*A partir de gravura de Moisés Edgar, do Grupo Xiloceasa, São Paulo*

Capa, projeto gráfico e editoração eletrônica:
*Bracher & Malta Produção Gráfica*

Revisão:
*Daniel Lühmann, Alberto Martins, Beatriz de Freitas Moreira*

1ª Edição - 2019 (1ª Reimpressão - 2023)

CIP - Brasil. Catalogação-na-Fonte
(Sindicato Nacional dos Editores de Livros, RJ, Brasil)

Petit, Michèle
P228l Ler o mundo: experiências de transmissão cultural nos dias de hoje / Michèle Petit; tradução de Julia Vidile. — São Paulo: Editora 34, 2019 (1ª Edição).
208 p.

Tradução de: Lire le monde: expériences de transmission culturelle aujourd'hui

ISBN 978-85-7326-742-6

1. Leitura - Jovens. 2. Educação - Acesso à leitura. I. Vidile, Julia. II. Título.

CDD - 372.4

# LER O MUNDO
## Experiências de transmissão cultural nos dias de hoje

# LER O MUNDO

Experiências de transmissão cultural
nos dias de hoje

# INTRODUÇÃO

"Amo o jogo, o amor, os livros, a música,
A cidade e o campo, tudo enfim; nada há
Que para mim não seja soberano bem,
Mesmo o soturno prazer de um coração melancólico."[1]

Jean de La Fontaine

Este livro é uma argumentação para que a literatura, oral e escrita, e a arte sob todas as formas tenham direito a seu lugar na vida cotidiana, em particular na das crianças e adolescentes. Ele nasceu de uma revolta contra o fato de, cada vez mais, ao defender as artes e as letras (ou mesmo as ciências), nos vermos obrigados a fornecer provas de sua rentabilidade imediata, como se essa fosse sua única razão de ser. Julien Gracq, há quase vinte anos, insurgiu-se contra "a cotação monetária instantânea de toda atividade humana", e tinha prazer em imaginar um outro movimento contrário a esse.[2] Hoje, a cotação monetária atingiu proporções insanas, alarmantes — e não somente para os escritores próximos do surrealismo. A presidente de Harvard, Drew Faust, preocupa-se assim com a queda brutal na porcentagem de estudantes que escolhem as "artes liberais" e as ciências como disciplina principal. Ela recorda que o desafio do ensino vai muito além de uma utilidade mensurável: "Os seres humanos

[1] No original, "J'aime le jeu, l'amour, les livres, la musique,/ La ville et la campagne, enfim tout; il n'est rien/ Qui ne me soit souverain bien,/ Jusqu'au sombre plaisir d'un coeur mélancolique". (N. da T.)

[2] Ele situava esse movimento na esteira do surrealismo, que não transformara a vida, mas ao menos permitira à poesia irrigá-la dia após dia. Ver "Revenir à Breton", *Le Monde*, 16 de fevereiro de 1996.

carecem de sentido, de compreensão e de perspectiva tanto quanto de trabalho. A questão não deveria ser se podemos nos permitir crer nesses objetivos nos tempos que correm, mas se podemos nos permitir não fazê-lo".[3] Não podemos acusá-la de se entrincheirar em posições românticas ou passadistas: o estabelecimento que ela preside está no topo da classificação mundial estabelecida pela Universidade Jiao Tong de Xangai. Martha Nussbaum, professora na Faculdade de Direito da Universidade de Chicago, preocupa-se, por sua vez, com o fato de que "em quase todos os países do mundo, as artes e humanidades estão sendo mutiladas, tanto no ciclo primário quanto no ciclo secundário e na universidade. Os tomadores de decisões políticas as consideram como floreios inúteis em um momento em que os países devem se desfazer de todos os elementos inúteis para continuarem competitivos no mercado mundial".[4] Entretanto, em sua opinião, somente uma certa prática das artes e humanidades estaria à altura de responder a questões extremamente atuais das sociedades democráticas, sobretudo por meio do desenvolvimento das capacidades emocionais, imaginativas e narrativas. Estas últimas, especifica, devem ser igualmente cultivadas na família, desde o início da vida.

Embora combatam um utilitarismo míope, essas duas mulheres não se apresentam como guardiãs nostálgicas de um templo perdido, assim como não lamentam a revolução digital, e é por esse motivo que as citei. De fato, o desejo de escrever e de reunir os textos a seguir nasceu também de um desalento com os discursos de lamentação sobre a leitura, as bibliotecas ou a transmissão cultural, multiplicados em todas

---

[3] *The New York Times*, 6 de setembro de 2009: <http://www.nytimes.com/2009/09/06/books/review/Faust-t.html?pagewanted=2&ref=review>.

[4] Ver Martha Nussbaum, *Les Émotions démocratiques*, Paris, Climats, 2011, p. 10.

as áreas e muito propalados. Como eles deprimiam diversos profissionais, fazendo-os duvidar do sentido de seu ofício, fui muitas vezes solicitada nos últimos anos: tenho a reputação (difícil de manter) de restituir o moral às tropas. Assim, a maior parte dos textos deste livro foi concebida, em sua primeira versão, para colóquios ou encontros reunindo bibliotecários, docentes, pessoas que trabalham na promoção da leitura ou estudantes em preparação para essas profissões, tanto na França como em outros países da Europa e da América Latina. As questões que eu recebia repetidamente eram mais ou menos as seguintes: para que serve ler, por que ler hoje em dia, por que incitar as crianças a fazê-lo? E ainda: quais são os fundamentos da importância da literatura, mas também, em um sentido mais amplo, da transmissão cultural?

Tentei respondê-las por meio de diferentes abordagens: explicando por que era essencial apresentar o mundo às crianças, e de que maneira os livros e outros bens culturais ajudavam nisso; evocando a maneira como a leitura podia reavivar a interioridade, impulsionar o pensamento, relançar uma atividade de construção de sentido, suscitar trocas; relembrando que a linguagem e a narrativa nos constituíam; mas também mostrando que uma dimensão tão essencial quanto "inútil" devia associar-se à vida de todos os dias; e celebrando o imaginário. Outra questão aparecia com frequência: como proceder para desenvolver o gosto pela leitura e pelas práticas culturais? Os dois últimos textos tratam, portanto, da arte de transmitir e da educação artística.

Para chegar a essas respostas, evidentemente parciais, fundamentei-me no que aprendi ao longo de minhas pesquisas, escutando homens e mulheres de diferentes círculos falarem sobre suas leituras, fossem elas regulares ou episódicas; e também estudando memórias de escritores, e conversando com transmissores de livros e "educadores pela arte" que sabem tornar desejável a apropriação da cultura escrita, da literatura e da arte àqueles que estavam mais distantes delas.

Esta obra retoma, por vezes, temas ou exemplos evocados em livros que publiquei anteriormente,[5] mas sob uma perspectiva um pouco diferente. Um fio condutor, em particular, percorre os textos que a compõem: desde a mais tenra idade, e durante a vida inteira, a literatura, oral e escrita, e as práticas artísticas têm uma relação íntima com a possibilidade de encontrar seu lugar. Como veremos em diversos exemplos, elas chegam a representar um componente essencial da arte de habitar, dessas atividades que consistem, nas palavras do arquiteto Henri Gaudin, em "tecer todo tipo de coisa ao nosso redor para travar amizade com elas, torná-las menos indiferentes para nós. Habitar é isso, dispor as coisas em nossa vizinhança. Reduzir a distância em relação à estranheza daquilo que é externo a nós. Tentar sair da perturbação mental provocada pela incompreensibilidade inerente àquilo que está fora de nós".[6] Além da integração social, o que está em questão é a possibilidade de se afinar, no sentido musical do termo, ou de se sintonizar, com aquilo (e aqueles) que nos rodeia.

Talvez o fato de ter trabalhado por muito tempo junto a geógrafos tenha me tornado sensível a essa dimensão. Mas esse fio condutor também percorria muitos dos discursos sustentados por meus interlocutores. Ao longo dos anos, eles me fizeram compreender que partilhar experiências culturais com crianças ou jovens, dar a eles uma educação literária e artística, talvez não tenha o objetivo principal de "formar leitores" (num momento em que o número deles está diminuindo em muitos lugares) ou futuros apreciadores de museus ou de salas de espetáculo. É curioso que, também nesse

---

[5] Ver, sobretudo, *Éloge de la lecture* (2002) e *L'Art de lire ou comment résister à l'adversité* (2008), ambos publicados na França pela editora Belin [ed. bras.: *A arte de ler ou como resistir à adversidade*, São Paulo, Editora 34, 2010].

[6] Henri Gaudin, "Embrasure", *Villa Gillet*, nº 5, 1996, p. 22.

ponto, seja exigida uma prestação de contas à arte e à literatura. Ninguém julga o mérito da ginástica na infância pelo fato de que, na idade adulta, a pessoa irá praticar vôlei ou corrida regularmente; ou o interesse de ensinar matemática pela frequência de uma curiosidade persistente em relação a essa disciplina.

O que está em jogo é, principalmente, que essa educação, essas experiências, estimulam aquelas e aqueles que se beneficiaram delas durante toda a vida, mesmo que tenham esquecido a maior parte do que descobriram ou vivenciaram. O que está em jogo é forjar uma atenção, uma arte de viver no cotidiano para escapar à obsessão da avaliação quantitativa. É conseguir compor e preservar todo um outro espaço para celebrar a brincadeira, as partilhas poéticas, a curiosidade, o pensamento, a exploração de si e daquilo que nos rodeia. É manter viva uma porção de liberdade, de sonho, de inesperado.

## 1.
## EU LHE APRESENTO O MUNDO

> "Antes os índios olhavam de noite para o céu escuro — e bem escuro estava esse céu. Um negror. Vou contar a história singela do nascimento das estrelas."
>
> Clarice Lispector[7]

Para falar de transmissão cultural, um tema imenso como poucos, vou tomar como ponto de partida uma lembrança pessoal. Há alguns anos, eu estava no Brasil para ministrar algumas conferências. Eu já tinha viajado para o hemisfério sul e descobrira ali árvores e pássaros desconhecidos cujos nomes e particularidades me foram ensinados por meus anfitriões, que às vezes narravam as lendas que lhes eram associadas. Curiosamente, eu nunca tinha prestado atenção ao céu quando a noite caía. Até aquele verão no Brasil, quando Patrícia Pereira Leite levou-me para o campo, em Minas Gerais. Quatro horas de estrada para chegar a uma fazenda de café com suas casinhas brancas, bananeiras, primaveras e tucanos.

No final da tarde, fomos caminhar em uma trilha próxima à fazenda. A noite caiu naquela velocidade que sempre surpreende os que vivem em climas temperados, e as estrelas pouco a pouco compuseram um universo completamente desconhecido. Não havia meios de me apoiar nas constelações

---

[7] Clarice Lispector, *Como nasceram as estrelas: doze lendas brasileiras*, Rio de Janeiro, Rocco, 2000.

familiares a quem vive no hemisfério norte. Eu olhava o céu, vendo ali apenas uma infinidade de astros isolados, e sentia um curioso temor, como se eu própria estivesse separada, apartada dos outros. Percebi até que ponto o céu é um ponto de referência habitual para nós e o quanto é perturbador ser privado dele. O céu de Minas Gerais não me dizia nada, não evocava nada.

Apressei-me em perguntar onde estava o Cruzeiro do Sul. A moça da vila que nos acompanhava ergueu os olhos, mas não o encontrou. Um vizinho, passando por lá, disse que era preciso esperar até as onze da noite para que pudéssemos vê-lo. Sem sequer pensar a respeito, eu havia me agarrado a esse nome conhecido, "Cruzeiro do Sul", para introduzir um marco nesse universo indiferenciado, dentre aqueles astros que não estavam interligados por nenhuma figura, não estavam associados a nenhuma lembrança, e cujos nomes que lhes foram atribuídos pelos humanos eu ignorava. Daquele céu, nada me haviam dito, nada me fora transmitido.

## Lançar sobre o céu, o mar, a cidade uma rede de palavras e de histórias

Uma constelação não tem nenhum fundamento científico; nela as estrelas estão agrupadas somente por nossa necessidade de organizar conjuntos, dar nome a eles e contar histórias a seu respeito. Trata-se de pura construção humana, fundada na cultura ocidental a partir da tradição helênica e pré-helênica e transmitida através da Idade Média. Outras culturas imaginaram constelações diferentes, mas todas elas compuseram o céu humano na tentativa de domá-lo e domesticá-lo, a fim de que não fôssemos tomados de pânico como eu fora naquela noite. Ou como o menino da cidade, no romance *Terras baixas*, de Joseph O'Neill, que passa uma noite em um barco e é invadido por um terror que jamais sentira quando ergue os olhos para as estrelas: "Eu era só um menininho, em um barco, no universo".[8]

Naquela noite, no Brasil, pude medir até que ponto a transmissão cultural é uma apresentação do mundo. O sentido de nossos gestos, quando contamos histórias às crianças, quando lhes mostramos livros, quando lemos para elas em voz alta, talvez seja este, antes de tudo: eu lhe apresento o mundo que outros me transmitiram e do qual me apropriei, ou lhe apresento o mundo que eu descobri, construí, amei. Eu lhe apresento o que nos rodeia e o que você olha, espantado, apontando um pássaro, um avião, uma estrela. Eu recito um poema para você:

> "Acima do mar
> Nós encontramos
> A lua e as estrelas
> Sobre um barco a velas..."[9]

Mais tarde, eu leio para você lendas que falam do nascimento dos astros ou, quando passeamos, eu lhe apresento a Ursa Maior e a Menor, que, com esses nomes simples, um pouco infantis até, tornam o céu familiar.

Todas as sociedades lançaram sobre a noite estrelada uma rede de palavras, histórias e cosmogonias, e desde a infância nos apropriamos de elementos dessa rede. Mesmo que eu não saiba a que astros associar Andrômeda, Pégaso, Cassiopeia ou o Dragão, mesmo que eu tenha esquecido — se é que já conheci — as histórias às quais foram emprestados es-

---

[8] Joseph O'Neill, *Netherland*, Paris, Éditions de l'Olivier, 2009, p. 234 [ed. bras.: *Terras baixas*, Rio de Janeiro, Alfaguara, 2009].

[9] No original: "Au-dessus de la mer/ Nous avons rencontré/ La lune et les étoiles/ Sur un bateau à voiles". Versos de um poema bastante conhecido de Jacques Prévert, "En sortant de l'école" ("Na saída da escola"). (N. da T.)

ses nomes, eles povoam o céu de animais ou de heróis míticos, transformando-o em um domínio humano. Quando ergo os olhos, estou ligada a todos aqueles que o contemplaram e observaram ao longo dos séculos. E àqueles ao lado de quem caminhei, à noite, que mostraram esta ou aquela estrela, que contaram lendas sobre elas ou explicaram que no meio de agosto podemos fazer um pedido quando vemos uma estrela cadente, como se os astros olhassem por nós e se transformassem em outras tantas "estrelas-guia". Lembro-me de outras noites em que fiz pedidos, das pessoas com quem eu estava, e a noite se povoa com elas. Por mil estratagemas assim, domamos no dia a dia o céu indiferente e gélido. A tal ponto que, às vezes, ele se torna quase amigável, como para o marinheiro cuja aventura verídica é contada por Gabriel García Márquez em *Relato de um náufrago*: esse marinheiro vagou à deriva no oceano, sem comer nem beber durante dez dias e dez noites, sentindo-se ameaçado por "feras enormes e desconhecidas" que resvalavam em sua jangada, e tinha somente a Ursa Menor para lhe fazer companhia: "Assim que localizei a Ursa Menor, não me arrisquei mais a olhar em outra direção. Não saberia dizer por quê, mas sentia-me menos só ao contemplá-la. [...] Pensava que naquele momento alguém a estava observando em Cartagena, assim como eu a observava no mar, e me sentia menos só".[10]

Eu lhe apresento o mar, eu canto "A canoa virou", "Marinheiro só" ou "Rema, rema, remador";[11] leio para você histórias de galeões e caravelas, de piratas e de Robinson Crusoé, ou conto que Poseidon criou os cavalos a partir da espuma do mar e as ondas se tornam mais familiares a você.

---

[10] García Márquez, *Récit d'un naufragé*, Paris, Grasset, 1979, pp. 49-50 [ed. bras.: *Relato de um náufrago*, Rio de Janeiro, Record, 1997].

[11] No original, a autora cita canções populares francesas com temas marítimos: "Bateau sur l'eau", "Mon beau capitaine" e "Pour un sou j'ai un bateau, vogue vogue au fil de l'eau". (N. da T.)

Pois também o mar é inquietante, ainda mais nestes tempos em que não se passa uma semana sem que ouçamos falar de um furacão, de um tsunami ou de imigrantes que partiram para tentar a sorte e se afogaram em uma praia das Canárias ou da Líbia.

Usei o exemplo do céu porque ele é nosso pai mítico desde a Grécia Antiga, e do mar porque, em muitos lugares, seus movimentos são associados, nas lendas ou no inconsciente, aos humores daquela que cuidou de nós no início da vida,[12] mas eu poderia ter falado da maneira como toda cultura tenta conquistar a montanha, a floresta, o deserto, os rios ou a paisagem urbana por meio de histórias, mitos, ritos e obras de arte.

Eu lhe apresento a cidade e interponho entre você e ela relatos, lembranças, poemas ou canções para que você possa viver nela. Quando você passar por aquela rua, sem nem pensar, ela estará povoada com os personagens dessas histórias, que o acompanharão; quando você vir a Torre Eiffel, vai se lembrar de que um dia eu lhe contei que um poeta a comparou a uma pastora, e as pontes, a ovelhas.[13] As palavras que eu tiver dito, lido ou cantado vão possibilitar uma experiência poética do espaço. As ruas ou os bairros ganharão relevo, farão você sonhar, sair à deriva, associar, pensar.

Para que o espaço seja habitável e representável, para que possamos nos situar, nos inscrever nele, ele deve contar histórias, ter toda uma espessura simbólica, imaginária. Sem narrativas — nem que seja uma mitologia familiar, umas poucas lembranças — o mundo permaneceria lá como está,

---

[12] A autora faz aqui uma associação entre *la mer* (o mar) e *la mère* (a mãe), que, em francês, soam de forma equivalente. (N. da T.)

[13] A autora faz uma referência ao poema "Zona", de Guillaume Apollinaire, cujo segundo verso diz: "Bergère ô tour Eiffel le troupeau des ponts bêle ce matin" ("Pastora ó torre Eiffel o rebanho das pontes bale esta manhã"). (N. da T.)

indiferenciado; ele não nos seria de nenhuma ajuda para habitar os lugares em que vivemos e construir nossa morada interior.

### Situar na sucessão das gerações

Eu lhe apresento também o mundo de onde você vem, eu lhe situo na sucessão das gerações para você não flutuar demais durante a sua vida inteira. Como nesta cena argentina evocada por Silvia Seoane:

> "Quando eu era pequena, minha mãe me contava, à noite, com a luz apagada, a história de *Alice no País das Maravilhas*. Não sei se algum dia ela tinha lido o romance de Lewis Carroll; não sei se a mãe dela, um irmão mais velho ou uma freira do colégio onde ela foi interna tinham lhe contado a história. Não sei se ela leu uma versão desse romance no *Tesouro da Juventude*, livro de cabeceira de sua infância (e que imaginei, durante muitos anos, ser a fonte de todas as histórias). Ou seja, não sei como esse clássico chegou às mãos, aos olhos ou aos ouvidos da minha mãe.
>
> [...] Sei que ela mantinha um mercadinho em nossa casa e que, provavelmente por essa razão, as aventuras que ela me contava dessa Alice desenrolavam-se em um mundo de árvores de chocolate Jack e cascatas de Fanta Laranja e Coca-Cola. Sei que Alice chegava nesse paraíso passando por um espelho (e por isso eu adorava o armarinho de remédios do banheiro) e sei que havia o coelho e a Rainha de Copas.
>
> [...] Não me lembro de muitos detalhes da história, mas me lembro da voz da minha mãe no escuro. Lembro-me muito nitidamente do que eu via enquanto ela narrava. Lembro da emoção e da maravilhosa sensação

> de alucinação. Sei que estava convencida de que, de certa maneira, eu era Alice [...]; todas as noites, um mundo paralelo nascia na voz da minha mãe. Com sua narração, eu atravessava o espelho e entrava ritualmente na ficção. Assim como eu entrava quando ela me contava a história do rei David ou de meu trisavô carabineiro no sul da Itália; a história de *Pedro e o lobo* e a de meu tio Oreste; as histórias de meus bisavós, professores na Patagônia no início do século, e a da pedra movediça de Tandil, junto à qual minha avó lecionava (e graças a essas histórias, tenho certeza, foi que escolhi a profissão de educadora)."[14]

Assim, noite após noite, a mãe de Silvia tecia narrativas que encantavam o cotidiano e ampliavam o espaço, dilatando-o até as campinas russas ou a Patagônia, a toca do coelho de Alice ou a Itália. Ela vinculava a garotinha a todas essas pessoas de gerações passadas que viviam em sua voz, o ancestral carabineiro, o tio Oreste, os avós professores, introduzindo Silvia no tempo histórico do século anterior, bem como no tempo bíblico do rei David.

Apresento a você aqueles que lhe precederam e o mundo de onde você veio, mas apresento também outros universos para que você seja livre, para que não fique enredada demais no território de seus antepassados. Eu lhe dou canções e histórias para que você as repita até atravessar a noite, para não ter tanto medo do escuro e das sombras. Para que você possa pouco a pouco viver sem mim, pensar em si como uma pessoinha distinta, e em seguida elaborar as múltiplas

---

[14] Silvia Seoane, "Tomar la palabra: apuntes sobre oralidad y lectura", conferência ministrada no contexto da pós-graduação em literatura infantil e juvenil, CePA, Buenos Aires, 18 de setembro de 2004: <http://misioneslee.blogia.com/2007/022301tomar-la-palabra.-apunte-sobre-oralidad-y-lectura.php>.

separações que precisará enfrentar. Eu lhe entrego fiapos de saber e ficções para que você seja capaz de simbolizar a ausência e enfrentar, tanto quanto possível, as grandes questões humanas, os mistérios da vida e da morte, da diferença entre os sexos, o medo do abandono, do desconhecido, o amor, a rivalidade. Para que escreva sua própria história entre as linhas lidas.

O que o adulto expressa à criança quando põe e abre livros diante dela é também: eu lhe apresento os livros, porque uma imensa parte daquilo que os humanos descobriram está encerrada neles. Você poderá consultá-los para dar sentido à sua vida, saber o que outras pessoas pensaram sobre as perguntas que você faz, você não está sozinha para enfrentá-las. Eu lhe apresento a literatura que, como as brincadeiras de "Cadê o nenê" ou o teatro de sombras, faz as coisas aparecerem e desaparecerem à vontade. Você poderá brincar com ela durante toda a vida se quiser, mergulhar no corpo e no pensamento de seres radicalmente diferentes de você. Só a literatura lhe dará acesso àquilo que eles viveram, imaginaram e temeram, mesmo que tenham vivido há séculos, mesmo que vivam em outras latitudes.

Eu lhe dou aquilo que a meus olhos é o mais bonito, você fará disso o uso que quiser e passará, por sua vez, aquilo de que gostar a seus filhos ou àqueles que cruzarem seu caminho.

Entretanto, aqui, eu embelezo um pouco a história, pois muitas vezes pensamos de maneira paradoxal: "Você fará disso o uso que quiser... mas quero tanto que você ame aquilo que amei, aquilo que fez diferença para mim". E quando às vezes a criança se desvia daquilo que lhe propomos, quando ela parece não escutar nem se interessar pela história e pelas imagens que lhe apresentamos, ficamos tristes, nos sentimos abandonados. Todavia, nesse caso é necessário continuar tranquilamente. Insistir até mesmo quando elas se tornam adolescentes e, em vez de nossos gostos, preferem seus amigos, seus cantores ou suas histórias de vampiros. Continuar a ler o mundo com elas e falar a respeito com leveza, porque nessa idade um adulto logo enjoa, principalmente quando se atribui muita importância e tenta impor suas manias ou seu saber. E o adolescente não tem a menor cerimônia ao nos dizer na cara: "Já chega, estou cheio!". Daí nós reclamamos, nos deprimimos porque queríamos tanto que ele desse vida àquilo que deu sentido à nossa. E entoamos o refrão da crise da transmissão.

Cada pessoa dá a uma criança aquilo que tem mais sentido para ela. Ela lhe abre essas portas. Mais tarde, a criança tomará posse daquilo ou não. Ela abrirá outras portas. Muitas vezes só nos apropriamos do legado recebido muito tempo depois: quando eu era pequena, meus pais me arrastavam para os museus e eu morria de tédio. Mas durante toda a vida os museus me acompanharam; neles, eu me sentia em casa.

Pois é exatamente disso que se trata a transmissão cultural e, mais particularmente, a leitura: construir um mundo habitável, humano, poder encontrar ali o seu lugar e locomover-se; celebrar a vida no cotidiano, oferecer as coisas poeticamente; inspirar as narrativas que cada pessoa fará de sua própria vida; alimentar o pensamento, formar o "coração inteligente", como diria Hannah Arendt, que teria acrescentado que é preciso transmitir o mundo às crianças, ensiná-las a amá-lo, para que elas um dia tenham vontade de assumir a responsabilidade por ele. Pois "é o amor pelo mundo que nos traz uma atitude mental política", pensava ela.[15]

---

[15] Ver a entrevista com Bérénice Levet no *Le Monde*, 29 de junho de 2012, por ocasião da publicação de seu livro: *Le Musée imaginaire d'Hannah Arendt*, Paris, Stock, 2011.

## O papel da família e dos amigos...

Por milhares de razões vitais, os pais e outros transmissores culturais apresentam o mundo às crianças com a ajuda de contos, canções, histórias, imagens de livros, lendas familiares e lembranças. Eles leem junto com elas as paisagens e os rostos que as rodeiam. Muitas vezes, de maneira intuitiva, eles tocam simultaneamente em diversos registros sensíveis nesses momentos de transmissão. Assim, quando leem livros em voz alta, o que eles propõem às crianças menores é quase uma pequena ópera: desdobram um cenário, toda a fantasmagoria das imagens dos livros, e convidam a uma escuta musical, tendo a voz como protagonista.

No início, os adultos contam com um maravilhoso aliado: o bebê, graças à sua capacidade de se admirar. Florence Guignard acredita que as pulsões "epistemofílicas", como dizem os psicanalistas, que nos impulsionam ao conhecimento, existiriam desde o nascimento. E dá como exemplo um bebê que "passou as primeiras duas horas de sua existência a despertar progressivamente, a escutar e observar tudo a seu redor com uma atenção impressionante, chegando mesmo a girar a cabeça para ampliar seu campo de visão; foi apenas depois dessas duas horas de exploração que ele adormeceu pela primeira vez em sua vida fora do útero".[16]

Entretanto, o desenvolvimento dessas pulsões dependerá muito da qualidade das relações com os pais, de sua disponibilidade psíquica. A descoberta maravilhada do mundo pelo *infans* é relançada pelo rosto e o sorriso da mãe (ou da pessoa responsável pelos cuidados maternos), por seus olhares, seus gestos, sua voz, suas palavras. Além disso, ela é reanimada pela graça de todos os que o rodeiam, sua curiosida-

[16] Florence Guignard, *Épître à l'objet*, Paris, PUF, 1997, p. 83.

de e o olhar que dedicam aos lugares e às pessoas. Como o pai evocado pelo escritor grego Yannis Kiourtsakis: "Meu pai sentado em uma cadeira, comigo em seu colo, me dando sopa para tomar com uma colherinha e cantarolando a cada bocado: 'Ele toma o *bei*/ ele toma o *agá*/ ele toma o filho do *bei*', e me fazendo dançar.[17] Essa musiquinha e esse cerimonial me cativaram a tal ponto que muitas vezes eu me recusava a comer se fosse privado deles".[18] Seu pai também discorria sobre a ilha de Creta onde passara sua própria infância: "Todas aquelas histórias pareciam provir de um único e imenso conto — que eu escutava sem jamais me cansar desde que consigo me lembrar e que eu sentia que jamais terminaria: o conto de seus anos de infância. Ele me falava da casa de sua família em Chania e do velho bairro de ruelas estreitas...". O pai evocava todo um universo oriental rico em cores que em nada se parecia com aquele que o jovem Yannis conhecia, mas que "era tão real quanto o mundo que eu podia tocar: as casas, os bairros, os lugares onde eu vivia; era um mundo que completava e prolongava o meu e no qual parecia que eu também já tinha vivido".[19]

Penso também em cenas de transmissão cultural que testemunhei no México, com crianças um pouco mais velhas. A primeira ocorreu no fabuloso museu de arqueologia e antropologia da cidade, onde, tentando ser discreta, segui uma avó. A senhora, com os cabelos trançados e um uniforme de empregada doméstica, ia de uma sala para outra comentando cada vitrine com sua netinha, fazendo-a reparar

---

[17] "Bei" é um termo de origem turca, que designa os líderes tribais, altos funcionários civis e militares, e filhos de famílias importantes; "agá" refere-se ao maior proprietário de terras de uma região, uma pessoa muito influente. (N. da T.)

[18] Yannis Kiourtsakis, *Le Dicôlon*, Lagrasse, Verdier, 1995, p. 92.

[19] *Ibid.*, pp. 97-9.

nos detalhes: "Olha só, está vendo, é assim que eles faziam as panquecas, é assim que eles teciam a lã, e você reparou nas roupas deles, nas joias? E esse brinquedo?". Frases muito simples, mas que lhe davam o mundo, esse mundo que era o dela.

Na mesma cidade, no templo asteca descoberto próximo à catedral, um homem, visivelmente pobre, apresentava as ruínas a seu filho explicando-lhe gravemente: "Está vendo, estes são nossos ancestrais, eles construíram estes templos...". Pouco adiante, uma menininha lia para a sua mãe a placa dedicada à estátua do deus da chuva. A mãe era analfabeta, mas queria compartilhar a descoberta das escavações com sua filha. Pois claramente trata-se de um compartilhamento, e não de uma imposição. E é uma apropriação, desde o início da vida. Na verdade, um bebê passa a maior parte de seu tempo de vigília a se apropriar do que o rodeia.

Observemos o que se passa em uma sala onde leituras são feitas para um grupo de crianças pequenas: basta que seus movimentos não sejam controlados para que a sala se transforme em um verdadeiro canteiro de obras. Elas transportam livros, os empilham, mudam-nos de lugar, os atiram para longe, vão e vêm buscando aquilo que pode lhes convir, como artífices que remexem nas pilhas de parafusos e porcas em uma loja de ferragens. Mas os bebês que tanto amam empilhar cubos ou livros também constroem em sua mente, eles pensam. Quando lemos em voz alta, eles estão presentes em sua vida interior, eles elaboram. Constroem simultaneamente um mundo habitável e esse mundo interior.

Para essa transmissão cultural, literária, artística, são necessários diversos lugares, diversos agentes. A família e os amigos, por exemplo, como a mãe de Silvia na Argentina, contando histórias de *Alice no País das Maravilhas* e do tio Oreste, o pai fazendo dançar o pequeno Yannis ou aquele que visitou com seu filho as escavações do templo asteca. Mas também pessoas externas ao círculo familiar, profissionais.

Em muitas famílias,[20] de diferentes meios e com diversas organizações, a transmissão cultural está bem viva, mesmo que suas modalidades e conteúdos tenham evoluído.[21] Os pais dispõem de recursos intelectuais que não são sancionados por nenhum diploma, mas que são essenciais, como a capacidade de contar aos filhos sua história e a de seus ascendentes[22] ou, mais amplamente, a aptidão para inventar gestos, letras de música e narrativas para introduzi-los ao mundo de forma poética e transformar os rituais cotidianos em momentos festivos compartilhados.

Em outros casos, ao contrário, a transmissão é comprometida. Esse pode ser o caso, em particular quando a luta pela sobrevivência ou o trabalho monopolizam o tempo cotidiano, quando a mãe está deprimida pela vida que leva ou pelo exílio, ou quando não encontra apoio suficiente em seu meio. Nesse caso, ela nem sempre tem condições de compartilhar com seus filhos esses momentos, para contar, descobrir e sonhar o mundo ao lado deles; para recitar uma cantiga, contar uma história e menos ainda para ler uma (o que daria a entender que ela pôde se apropriar dos livros).

Por muito tempo, as culturas orais, bem mais que as escritas, forneceram a uma grande parte da população as referências e os recursos necessários para vincular sua experiência singular às representações culturais. O escritor senegalês Boubacar Boris Diop lembra-se assim de que "todas as noites, em casa, a mãe nos contava histórias. [...] 'Eu vou falar

---

[20] "Família" designa aqui as múltiplas formas contemporâneas de aliança e filiação.

[21] Ver Sylvie Octobre, "Pratiques culturelles chez les jeunes et institutions de transmission", *Prospective*, 2009, 1, Ministério da Cultura e da Comunicação francês: <http://www2.culture.gouv.fr/culture/deps/2008/pdf/ Cprospective09-1.pdf>.

[22] Ver Daniel Bertaux, "Du récit de vie dans l'approche de l'autre", *L'Autre*, vol. 1, 2000, p. 254.

e vocês vão me ouvir', lançava ela a seu público. 'Só existe um contador que não mente. Sou eu.' Assim começava a narrativa".[23] Gabriel García Márquez, por sua vez, evoca uma venezuelana, "uma matrona animada que tinha o dom bíblico da narrativa": "Foi ela quem me contou a primeira história que ouvi, *Genoveva de Brabante*, e me iniciou às grandes obras da literatura universal, que transformava em contos infantis: *Odisseia*, *Orlando Furioso*, *Dom Quixote*, *O conde de Monte Cristo* e diversos episódios da Bíblia".[24] E o poeta espanhol Federico Martín conta ter nascido na Estremadura, "em um paraíso em que tudo cantava, os rios, os pássaros, as mulheres":

> "Cresci à sombra de minha avó, à sombra de mulheres que cantavam, elas eram analfabetas, mas cantavam. Nasci na amargura de um irmão morto, e essa amargura somente se suavizava com o canto das mulheres. [...] Minha mãe ajudava-me a me aproximar das coisas dando nome a elas, ela lhes dava nome para ordená-las."[25]

Graças aos cantos, aos refrãos, às danças, às lendas ou aos provérbios, o mundo encontrava-se ordenado, era possível construir um sentido, representar-se o espaço e o tempo, associar palavras ou gestos estéticos compartilhados a emoções intensas ou eventos inesperados, representar conflitos, sempre se inscrevendo em uma continuidade. Era esse o caso quando se conservava uma mitologia viva, recriada ou enriquecida ao sabor das descobertas, dos encontros. Hoje em

---

[23] Entrevista publicada no *Le Monde*, realizada no dia 3 de junho de 2003.

[24] García Márquez, *Vivre pour la raconter*, Paris, Grasset, 2003, pp. 59-60 [ed. bras.: *Viver para contar*, Rio de Janeiro, Record, 2013].

[25] Conferência proferida por ocasião de *Palavras andarilhas*, Beja (Portugal), dezembro de 2008.

dia, essa tradição oral muitas vezes está desarticulada. As referências simbólicas encontram-se desorganizadas, com todos os riscos que uma tal alteração implica para a rede que é a cultura. Muitas pessoas não conseguem devolver a vida a suas lembranças, esqueceram as histórias que lhes foram transmitidas na infância, ou estas parecem pertencer a um passado que não tem mais razão de ser, que quase provoca vergonha, que é preciso despachar. A evocação da saga familiar não é nem um pouco mais fácil. E a linguagem não serve para nada mais do que a nomeação imediata das coisas.

Nessas famílias, faltará uma etapa para que as crianças possam integrar os diferentes registros da língua e um dia se apropriar da cultura escrita: a etapa em que a literatura, oral ou escrita, propicia esse uso das palavras, tão vital quanto "inútil", mais próximo da vida, dos sentidos, das emoções, do prazer compartilhado, mais distante do controle e da notação. Também lhes faltará todo esse tecido de palavras, de histórias e de fantasias que interpomos entre o real e nós mesmos sem sequer pensar. O espaço que os rodeia não lhes dirá nada, ou então muito pouco. Ou representará a rejeição e a humilhação, se elas estiverem associadas a territórios estigmatizados. A menos que encontrem outros mediadores, como nos exemplos que vou apresentar.[26]

## ... MAS TAMBÉM DOS TRANSMISSORES CULTURAIS

O primeiro deles vem da Argentina. Na Patagônia, no povoado de Las Heras, contamos com uns 20 mil habitantes e nenhuma árvore, nenhum pássaro num raio de dezenas de quilômetros. Somente borrascas de vento e poços de petró-

[26] O trecho a seguir retoma, de forma um tanto modificada, a apresentação que fiz desses exemplos em "'Ici, y'a rien!' La littérature, partie intégrante de l'art d'habiter", *Communications*, nº 87, 2010, pp. 65-75.

leo. Os homens que neles trabalham vieram de regiões que muitas vezes ficam a milhares de quilômetros de distância. Em Las Heras, não havia "nada", nenhum movimento nas ruas, tampouco um cinema, somente uma série de bordéis e casas de *striptease*. Uma parte dos trabalhadores trouxe sua família, mas muitos perderam o emprego. Nos anos que se seguiram, muitos jovens cometeram o suicídio, tantos que a imprensa nacional se alarmou; livros foram consagrados a esses desesperados do fim do mundo.

Em 2007, Ani Siro, Martín Broide e membros da associação Pontes Culturais do Vento foram até lá para abrir outros espaços, "espaços com margens", nas palavras deles: um café literário — e aos adolescentes que vieram, eles contaram as histórias desses cafés em Buenos Aires, Madri ou Zurique — e oficinas nas quais logo se impôs a necessidade de trabalhar a relação com os lugares e o corpo.

Em relação a cada tema (a paisagem do planalto, o vento, a terra...), foi proposta uma série de atividades implicando o corpo e a música, além da palavra, com o apoio de filmes, videoclipes, pinturas ou livros. A leitura de textos literários tem sempre seu lugar ali para evocar um clima, seja em diálogo com as imagens ou como catalisador para a escrita de poemas.

A oficina do vento foi assim concebida "para olhar seu próprio lugar com o sentimento de estranheza que a poesia é capaz de trazer, para se espantar e descobrir nuances insuspeitadas no cotidiano".[27] Por exemplo, um poema da tradição oral aymará foi lido em voz alta e a proposta era que cada participante escolhesse um ou dois versos e elaborasse seu próprio poema sobre o vento em Las Heras. O poema aymará falava de amor, os jovens o tomaram para escrever e retrabalhar textos em que por vezes se fala de encontrar seu

---

[27] Ver Ani Siro, Martín Broide e outros, *Puentes en el viento: jóvenes, artes, escuela y comunidad*, Buenos Aires, Aique, 2009.

lugar no mundo, como no caso deste rapaz de dezesseis anos, El Bichi, que escreve:

> "Vento majestade
> onde está a minha casa
> vento de tempestade
> leva-me a meu lugar
> vento sábio
> leva-me à sua boca
> [...]
> vento que tudo vê
> leva minha mensagem."

Em contraponto, um outro exemplo situado do outro lado do Atlântico. Escritora e crítica de arte, Mona Thomas organiza oficinas de escrita com adolescentes com alto grau de dificuldade escolar nos bairros populares do norte de Paris. No início do ano, eles se apresentam a ela em poucas palavras: "Nós somos o lixo...". Onde quer que se encontrem, esses adolescentes sempre dizem, como os de Las Heras: "Aqui não tem nada". Então, com o auxílio da literatura, de obras de pintura ou de uma simples frase, ela procura despertar a curiosidade deles em relação ao que está ali, ao real, às presenças, para que abram os olhos diante daquilo que não viam. Ela também incentiva que eles se apropriem de outros lugares além daqueles que percorrem habitualmente. No centro de seu trabalho encontra-se o fato de experimentar os textos, as obras pintadas, os espaços públicos, as margens do Sena, com o próprio corpo. Tudo é pretexto para abrir os olhos, sentir, ler e escrever.

No Musée d'Orsay, ela os leva para ver o quadro *Regatas em Argenteuil*, de Claude Monet, e eles ficam espantados porque conhecem aquele nome, Argenteuil, e às vezes até o próprio lugar; ela fala sobre a época em que Monet vivia, das carruagens puxadas a cavalo nas ruas, e pede que imaginem que estão participando de uma regata. Ou então ela conta: "Ontem foi domingo, fui passear com um amigo. Nós compramos coisas para fazer um piquenique, caminhamos pela beira do canal e, sob uma ponte, descobrimos uma inscrição: 'Eu sou o muro, deixem-me em paz'. Pensei em vocês, gostaria que me contassem o resto da história". Ela explica: "Abro pistas, quero que as sigam, eles vão saber o caminho. Posso fazer isso com arquiteturas, jardins, construções; por exemplo, eu falo de Versalhes, conto que é a história de um homem que achava que era Deus, ou falo da inveja que Luís XIV tinha de Fouquet.[28] Assim, eles veem que aquilo tudo nasceu do desejo".

O espaço real, material, abre-se para um outro lugar, imaginário, geográfico, histórico. Algumas palavras lidas em um muro esboçam uma experiência poética. Ruas ou terras que nada diziam sugerem histórias, ganham relevo. Não são mais espaços fechados, indiferenciados, mas lugares dotados de uma profundidade, a partir dos quais se pode pensar, sonhar. Eles se tornaram um pouco mais habitáveis. Com o apoio da literatura associada a outras artes, a capacidade de atenção é refinada, ligações com o próximo e o distante são entretecidas, um lugar é feito para o Outro e talvez para cada um. Pois há muitos Outros nas oficinas que evoquei: índios aymará, pessoas que disputam uma regata no século XIX, Luís XIV e Fouquet, um muro que fala misteriosamente. Em suma, *dinamite pura*. E esse desvio pelo Outro traz de volta o movimento, o desejo.

Transmissores culturais, cada um com sua arte e seu gênio próprio, lançam passarelas para crianças que não tiveram

[28] Nicolas Fouquet (1615-1680), aristocrata francês, ministro do rei Luís XIV. Seu poder era tamanho que acabou atraindo a inveja do rei e, após uma festa extremamente luxuosa em seu castelo de Vaux-le-Vicomte, em agosto de 1661, Fouquet foi feito prisioneiro a mando do rei, vindo a morrer na prisão. (N. da T.)

acesso a uma transmissão cultural, por uma razão ou outra. Penso ainda nos ateliês argentinos dirigidos por Mirta Colangelo, graças a quem as palavras escritas, no início tão distantes, infiltravam-se pouco a pouco na vida de crianças ou adolescentes muito maltratados.[29] Para ela, a transmissão cultural era uma atenção delicada para com os seres, as coisas e os lugares que começavam a ganhar nome, tomar sentido, contar. Já que evoquei mais acima o Cruzeiro do Sul, como não pensar em uma experiência de arte postal concebida por ela? Artistas e ilustradores aceitaram participar, já que as crianças do orfanato de que ela cuidava não tinham para quem escrever. Em suas cartas, elas se apresentavam contando um pouco sobre sua vida e seus gostos. Os artistas respondiam com cartas personalizadas acompanhadas de pequenas surpresas. Hernán Haedo enviou a Yamila uma máscara "que permite ver o Cruzeiro do Sul"; ele escreveu: "Quando Hernán olha o Cruzeiro do Sul, ele pensa que você também está olhando para lá. E se você colocar a máscara para olhá-lo, pode ter certeza de que ele estará com você para lhe fazer companhia". Talvez essa menina nunca mais se sinta sozinha ao olhar o céu. Pois também é isso que essas constelações significam para nós, a ideia de que não existem astros isolados, de que fazemos parte de conjuntos. No céu estrelado que Yamila observa, haverá Hernán Haedo, Mirta e mais algumas crianças que estavam junto com ela naqueles dias.

Uma última história sobre estrelas. Ela se passa no Brasil, na fazenda cafeeira que evoquei no início deste capítulo. Walmir Thomazi Cardoso tem paixão pelo céu, ele percorre

---

[29] Sobre Mirta Colangelo, falecida em 2012, ver em especial as páginas dedicadas a ela pelo Musée des Oeuvres des Enfants (Muz): <http://lemuz.org/profil/785>, bem como a revista argentina *Imaginaria*: <http://www.imaginaria.com.ar/2012/09/homenaje-a-la-poeta-y-educadora-mirta-colangelo/>.

o país para ouvir a leitura que dele fazem aqueles com quem se encontra, o significado que lhe dão. Ele lhes apresenta por sua vez o céu dos índios Ticuna, dos Tupi-Guarani, dos chineses ou dos gregos antigos, todos esses mitos inventados para pensar o universo. Depois, com uma luneta astronômica e um planetário inflável que ele desdobra à maneira que outros montariam uma lona de circo, ele fala de sua própria leitura do céu, que é a de um homem que estudou a astronomia ocidental e suas grandes descobertas. Nessa noite, Renata, uma jovem, permanece cética e sonhadora; ela se espanta ao descobrir que homens já andaram na Lua: "Meu pai sempre me disse que São Jorge morava na Lua".[30] Ela conversa longamente com Walmir e faz mil perguntas. Alguns anos mais tarde, ela evoca essa lembrança com um sorriso e continua a ter um interesse apaixonado pelas estrelas. O céu de Renata é muito populoso; São Jorge vive ali ao lado de Neil Armstrong, e o pai dela conversa a respeito com um visitante de passagem.

Os mediadores culturais — professores, escritores, artistas, cientistas, bibliotecários, promotores de leitura, psicólogos... — permitem, assim, uma nova travessia com esses momentos nos quais, passo a passo, se constrói um mundo habitável. Dediquei muitos anos a estudar oficinas concentradas na leitura e na escrita de textos literários em espaços em crise, particularmente na América Latina. Elas são propostas a pessoas que conheceram um exílio mais ou menos forçado, jovens oriundos da guerrilha ou de grupos paramilitares, toxicômanos que vivem nas ruas, crianças vítimas de violência familiar acolhidas em um abrigo, adolescentes detidos etc. Ou seja, crianças, adolescentes ou adultos que cres-

---

[30] Para os leitores europeus, quero lembrar que São Jorge é muito popular no Brasil, onde é identificado a Oxóssi no culto do candomblé. A figura do santo vencendo o dragão apareceria na face da Lua quando ela está cheia.

ceram muito longe dos livros e que muitas vezes não tiveram direito a uma transmissão cultural porque a tradição oral se perdera, ou porque vinham de uma família desfeita ou de pais muito carentes. Na maior parte do tempo, o lugar em que viveram foi destruído, perdido, atacado ou profundamente alterado, sacudido, e eles se veem em espaços desvalorizados, relegados, muitas vezes mal designados, identificados mais por números do que por nomes. Esses espaços não são "apresentáveis" e, talvez, sequer representáveis. Seria necessário reinventá-los, refundá-los, recompô-los não só materialmente, mas também imaginária e simbolicamente.

Ao longo dos meses ou dos anos, as pessoas que promovem essas oficinas observam que elas facilitam uma reconstrução do eu e das sociabilidades, graças a processos complexos.[31] Isso passa também por uma nova apresentação do mundo, do espaço, com a ajuda de textos e do contato com obras de arte. Por meio da apropriação de palavras, de histórias, de fiapos de saberes que os participantes transformam em uma espécie de tecido vivo, a relação com os lugares pode ser remodelada, reconfigurada. Mais que isso, lá onde falta uma transmissão de histórias familiares, a leitura — e a escrita — de poemas, mitos, contos e romances, junto com a contemplação de obras de arte, ajudam a reencontrar a espessura simbólica e imaginária que tanto nos é necessária para modelar lugares em que viver, se lançar e fazer o próprio caminho.

Além dessas crianças ou adultos tão maltratados, o sentido da transmissão cultural é ajudar cada pessoa a não ter medo de ser precipitada em um abismo no fim do mundo, mesmo sabendo que este não tem a forma de um prato. Fazer com que o mundo esteja alinhado a despeito da fragilidade de nossa condição, das loucuras múltiplas com as quais

---

[31] Michèle Petit, *L'Art de lire...*, *op. cit.*

nos confrontamos dia após dia na mídia, na escola, no trabalho, em nossa família ou nos nossos pensamentos. Forjar uma arte de viver.

Ao longo do caminho, qualquer que seja a cultura que os viu nascer, os humanos têm sede de beleza, de sentido, de pensamento, de pertencimento. Eles precisam de figurações simbólicas para sair do caos. E nos perguntamos qual foi o truque de mágica capaz de reduzir a literatura e a arte a frivolidades de riquinhos, ou as bibliotecas a simples locais de "acesso à informação". Elas são também reservatórios de sentidos nos quais encontramos metáforas científicas que dão ordem ao mundo que nos rodeia e metáforas literárias e artísticas nascidas do trabalho lento e recolhido de escritores ou artistas que realizaram um trabalho de transfiguração de suas próprias provações. Suas obras nutrem os sonhos, os pensamentos, os desejos, as conversas sobre a vida, sempre acariciando os "bichos enormes e desconhecidos" que por vezes passam misteriosamente perto de nós, mesmo que não tenhamos naufragado no mar do Caribe.

## 2.
## PARA QUE SERVE A LEITURA?

> "Os livros me permitem constituir uma espécie de abrigo permanente onde quer que eu esteja. Eles são como as fogueiras de acampamento que afastam a noite na floresta."
>
> Jean-Marc Besse[32]

> "A literatura está mais próxima da vida do que da academia."
>
> Beatriz Helena Robledo[33]

A importância da leitura raramente é explicitada, como se fosse óbvia. Todavia... Henriette Zoughebi, que por muito tempo dirigiu o Salão do Livro Infantojuvenil de Montreuil, contou-me certo dia uma cena a que assistira: "Um menininho observava sua professora mergulhada em um livro; intrigado, ele se aproximou dela e fez a seguinte pergunta: 'Tia, por que você está lendo, se já sabe ler?'".

Muitas crianças têm o sentimento de ter de enfrentar determinados aprendizados sem compreender o sentido, o porquê, como se se tratasse de uma lógica ou mesmo de caprichos próprios da escola, aos quais é preciso submeter-se sem tentar compreender. Mas se existe um aprendizado cuja necessidade funcional e utilidade social poderiam parecer patentes, isso sem falar de todo o resto, não seria o da leitura e o da escrita? Em nossas sociedades, o escrito não é onipre-

---

[32] Jean-Marc Besse, *Habiter*, Paris, Flammarion, 2013, p. 172.

[33] Beatriz Helena Robledo, *La literatura como espacio de comunicación y convivencia*, Buenos Aires, Lugar Editorial, Colección Relecturas, 2011.

sente, não faz parte da paisagem familiar? Ele não acompanha nossos gestos cotidianos?

Esse não é o caso para todos. Quando comecei a trabalhar em pesquisas sobre a leitura no meio rural,[34] surpreendi-me ao constatar que, em certas regiões, ler poderia revelar-se impossível ou arriscado, já que aparentemente não servia para nada, justamente porque a utilidade dessa prática não fora estabelecida. A mulher de um agricultor contava o seguinte: "Essa é a mentalidade daqui: ninguém perde tempo lendo... Sempre tem alguém que passa e diz: 'Olha só, ela não move uma palha e o marido se mata de trabalhar!'. Quando vejo aparecer alguém, escondo o livro. Fico de olho no que está em volta. Minha atenção não está intacta. Ao menor ruído... eu fico em guarda". Muitas pessoas se referiam a esta recomendação secular: "não se deve perder tempo", "não se deve ficar 'desocupado'". Quanto aos que liam, como essa mulher, eles frequentemente se escondiam. Encontrei muitas coisas como essas nos bairros populares, onde às vezes as meninas que gostavam de ler eram acusadas de serem preguiçosas ou egoístas, e os meninos leitores, de se dedicar a atividades de menina. Lembremos também os trabalhos em que Bernard Lahire demonstrou que as mulheres realizavam o essencial dos atos cotidianos de escrita no seio do espaço doméstico e que, para os homens de meios populares em particular, as ocasiões de escrever podiam se tornar extremamente raras, talvez até quase inexistentes.[35] De modo semelhante, as pesquisas sobre as práticas culturais dos franceses nos mostram que 51% dos homens que vivem em uma família

---

[34] Michèle Petit, Raymonde Ladefroux e outros, *Lecteurs en campagnes*, Paris, BPI-Centre Georges Pompidou, 1993.

[35] Bernard Lahire, "Masculin-féminin: l'écriture domestique", em Daniel Fabre (org.), *Par écrit: ethnologie des écritures quotidiennes*, Paris, Éditions de la Maison des Sciences de l'Homme, 1997, pp. 145-64.

operária não leram nenhum livro em 2008.[36] E, de maneira mais ampla, que as sucessivas gerações leem cada vez menos em suportes impressos (sem que a recente progressão dos livros digitais tenha compensado esse declínio). Assim, a pergunta merece nossa atenção: para que serve a leitura, particularmente dos livros?

## Utilidade social ou exigência vital?

Ao longo dos últimos trinta anos, a rentabilidade escolar esteve no cerne da maioria das indagações sobre a leitura: o fato de que os alunos das classes favorecidas leem mais livros do que os outros contribuiria para seu sucesso? Essa atividade propiciaria um melhor desempenho na aquisição da língua, da ortografia, da sintaxe? Ela proporcionaria uma introdução a competências específicas? Isso seria particularmente comprovado pelas avaliações internacionais do PISA[37] — mesmo que alguns sejam bons alunos sem serem leitores, e vice-versa. Em 2000, os resultados destacaram que o "rendimento escolar" em leitura e escrita estava diretamente ligado ao gosto pela leitura. Os de 2009 vão no mesmo sentido: essa prática seria um investimento para o sucesso escolar. No início do primário, o mais importante seria o fato de os pais lerem em voz alta: as crianças para as quais os pais fazem leituras diversas vezes por semana obtiveram classificações superiores àquelas cujos pais não leem nunca ou leem raramente. No ensino secundário, quanto mais os adolescen-

[36] Olivier Donnat, "La lecture régulière de livres: un recul ancien et général", *Le Débat*, nº 170, maio-agosto de 2012, p. 46.

[37] PISA (Programme for International Student Assessment ou Programa Internacional de Avaliação de Estudantes) é um sistema mundial de avaliação de desempenho escolar, focado prioritariamente em leitura, matemática e ciências. (N. da T.)

tes sentem prazer em ler — no papel e online —, melhor o seu desempenho na compreensão escrita. Segundo Éric Charbonnier, a leitura "romperia" um pouco os determinismos sociais: os jovens de meios populares que se dedicam bastante a essa atividade obtêm, em média, notas melhores que os que vêm de classes mais abastadas, mas que se interessam pouco pela palavra escrita. É preciso notar que aqueles que "leem livros de ficção por prazer", que diversificam as leituras, assim como os que se dedicam a diversas atividades de leitura online, teriam melhor desempenho.[38] E se, quase sempre, os meninos têm em média resultados medíocres na compreensão escrita, isso se deveria antes de tudo a seu parco interesse pela leitura e pela escrita e à falta de envolvimento com a literatura.[39]

O sociólogo Stéphane Beaud também insiste: a hostilidade à leitura manifestada por muitos meninos seria bastante prejudicial a seu percurso escolar e, posteriormente, universitário: "A relação com a cultura escrita é um elemento essencial para o sucesso escolar, ela é mesmo a chave de tudo".[40] Embora muitos outros elementos entrem nessa conta, a familiaridade com a palavra escrita é um fator decisivo para o destino escolar e, além dele, do devir profissional e social. Pois se houve um tempo em que as exigências técnicas necessárias às diversas profissões se transmitiam por imitação

---

[38] Ver os resultados do PISA 2009 no site da OCDE: <http://www.oecd.org/pisa/resultatsdupisa2009.htm>. No momento em que eu terminava este livro, os resultados de 2012 começavam a ser publicados. Consagrados mais particularmente à matemática, eles não retomam a discussão sobre o que fora encontrado nas avaliações anteriores.

[39] OCDE, *Résultats du PISA 2009*, vol. 3, p. 89. Sobre esse assunto, o relatório remete particularmente a Kimberly Safford, Olivia O'Sullivan e Myra Barrs, *Boys on the Margin: Promoting Boys' Literacy Learning at Key Stage 2*, Londres, Centre for Literacy in Primary Education, 2004.

[40] Stéphane Beaud, *80% au niveau bac... et après? Les enfants de la démocratisation scolaire*, Paris, La Découverte-Poche, 2003, p. 325.

gestual mais do que por uma explanação de linguagem na qual a palavra escrita teria um papel importante, esse não é mais o caso. No futuro, quando cada pessoa puder ser chamada para exercer diversas profissões sucessivamente, uma relação ambivalente com a palavra escrita será ainda mais prejudicial.

Beaud especifica: "O bloqueio dos meninos em relação à leitura é uma questão fundamental que condiciona o acesso deles aos estudos, mas também sua relação com a política".[41] É verdade que quando estamos pouco à vontade no uso da palavra escrita, fica muito mais difícil conquistar uma voz no espaço público. Sob esse aspecto, a contribuição da leitura e da escrita para uma atitude reflexiva e crítica, para uma capacidade de elaboração e de argumentação e, a partir daí, para uma cidadania ativa, foi muito destacada durante as últimas décadas. Por sua vez, o compartilhamento de um *corpus* de obras e referências comuns foi frequentemente apresentado como um elemento capaz de contribuir para a integração de sociedades pluriculturais expostas a processos crescentes de segregação.

Entretanto, o fato de que muitos pais e profissionais veem na leitura, antes de tudo, uma garantia antifracasso ou um passaporte para a cidadania, tem efeitos perversos: essa atividade tornou-se uma obrigação, originando discursos de cunho moralizante sobre o fato de que ler é necessário ou, pior ainda, de que é necessário desejar ler. E as ladainhas sobre o fato de que "os jovens não leem mais" irritam os interessados, que veem nisso uma vontade de controle sobre seu suposto tempo livre, uma intrusão em seu universo. Dessa maneira, não é de espantar que, para uma parte cada vez maior deles, a leitura seja uma tarefa ingrata à qual seria ne-

---

[41] Stéphane Beaud, intervenção por ocasião da *Journée de formation continue à l'IUFM* de Paris, 2 de fevereiro de 2004: <http://www.cahiers-pedagogiques.com/article.php3?id_article=256>.

cessário submeter-se para satisfazer os adultos (ainda mais se estes insinuam que eles deveriam estar lendo em vez de assistir a séries estúpidas, ou se teimam em dar livros de presente quando eles sonham com videogames).

Dentre os transmissores da cultura escrita, a principal alternativa a todas essas abordagens utilitárias consistiu em reivindicar o simples "prazer de ler", o que também tem efeitos contraproducentes: ouvir falar de prazer o tempo todo quando ele jamais foi sentido pode afastar ainda mais uma pessoa da prática que deveria proporcioná-lo.

Mas, aos olhos dos próprios leitores, o que se passa? Por que eles leem? Para que "serve" a leitura para eles? Foi sobretudo por outras dimensões que as pessoas que encontrei chamaram a minha atenção, quer leiam com frequência ou só eventualmente. Para elas, ainda mais do que a utilidade escolar, profissional e social, a leitura parece basear-se em uma necessidade existencial, uma exigência vital.

Deixemos claro que eles se referem a algo mais amplo que as acepções acadêmicas da palavra "leitura": os livros relidos diversas vezes, assim como outros que eles folhearam apressadamente, pescando uma frase aqui, uma imagem ali;[42] os textos descobertos na solidão, bem como leituras orais e compartilhadas; os devaneios que acompanharam ou se seguiram a esses momentos, as lembranças que têm deles, às vezes muito tempo depois.

---

[42] Frequentemente se diz que a tecnologia digital favorece um modo de leitura descontínuo, ao passo que o impresso suscitaria uma leitura atenta, contínua, estudiosa. Não estou certa de que a oposição seja tão marcada assim. Pensemos em Rimbaud, ainda no colégio, que lia sem sequer cortar as páginas dos livros que pegava emprestado por uma noite; e em todos aqueles (a maioria!) que, de longa data, leram de maneira igualmente desenvolta, saltando páginas ou parágrafos, largando um livro pela metade para começar outro, guardando apenas um trecho curto ou somente uma ou duas frases... amplamente recompostas.

Ao escutá-los, ao estudar também muitas lembranças de leitura, ao observar oficinas em que essa prática ocupa atualmente um papel essencial, desenvolvidas em contextos críticos e em diferentes partes do mundo, surge a hipótese de que nestes tempos em que cabe a cada pessoa, muito mais do que no passado, construir o sentido de sua vida e sua identidade, ler talvez sirva antes de tudo para elaborar um sentido, dar forma a sua experiência, ou a seu lado escuro, sua verdade interior, secreta; para criar uma margem de manobra, ser um pouco mais sujeito de sua história; por vezes, para consertar algo que se quebrou na relação com essa história ou na relação com o outro; para abrir um caminho até os territórios do devaneio, sem os quais não existe pensamento nem criatividade.

Tudo isso vai muito além da rentabilidade escolar, muito além também do "prazer" ou da distração, e depende de diversos vieses, de processos complexos que não pretendo detalhar aqui, limitando-me a evocar alguns aspectos que, aos olhos de muitas das pessoas com quem conversei, são essenciais, mas dos quais muito pouco se fala.

## Os livros, parentes das cabanas

Como, por exemplo, o seguinte: a leitura tem muito a ver com o espaço, ela se relaciona com os alicerces espaciais. Ela parece ser um caminho privilegiado para encontrar um lugar, se acomodar, ali fazer seu ninho.

Ao ouvir as lembranças de leitura das pessoas, dentre elas muitos filhos de imigrantes, logo me espantei ao constatar que essas lembranças eram, muito frequentemente, associadas a metáforas espaciais. Mais precisamente, meus interlocutores falavam de um espaço que lhes teria, literalmente, *dado lugar*: "os livros eram uma terra de asilo", "eram a minha paisagem", "eu tinha um lugar meu, meus livros, tudo isso", "os livros eram o meu lar, eles sempre estavam lá para me acolher" etc. Para designar esse espaço, eles utilizavam termos que remetiam a algo vasto — um país ou universo, um outro continente, imenso, uma terra de asilo, uma paisagem —, mas também íntimo — um abrigo, um refúgio, uma cabana em uma ilha...

De maneira recorrente, as leituras de infância, em particular, são associadas à cabana, esse lugar de intimidade um pouco rebelde e de aventura, esse território próprio que dá lugar às distâncias.[43] Como nas palavras do jovem Ridha que, ao falar de *O livro da selva*, de Kipling, explicava: "Mowgli construiu uma cabaninha para si, um pequeno lar, e, na verdade, ele impõe suas marcas. Ele se delimita. E vemos bem que o ser não é somente seu próprio corpo, ele vai além disso. Ele precisa de espaço, e esse espaço também é ele. [...] Para mim, um livro é um quadro, um universo, um espaço no qual podemos evoluir". Penso também no menino que lia o romance *The Prince of Central Park* [O príncipe do Central Park] (a história de um órfão exposto ao sadismo de uma madrasta e perseguido por um traficante, que encontra refúgio em uma árvore), e interrompeu a leitura para construir sua própria casa na árvore. Vassilis Alexakis, por sua vez, conta que Tarzan lhe ensinou a subir em árvores, Robin Hood, a fabricar arcos, e Robinson Crusoé, a construir cabanas.[44] E ele conta que as brincadeiras inspiradas por suas leituras tinham seu cenário em uma pequena edícula no fundo do jar-

---

[43] "Quando falamos de cabanas, pensamos em algo que nos é muito próximo, muito familiar, e que, ao mesmo tempo, evoca as distâncias, os lugarejos, até mesmo as terras de aventura...", escreve Gilles Tiberghien, que observa que "a cabana é um lugar psíquico, mais do que físico". Ver "Demeurer, habiter, transiter: une poétique de la cabane", em Augustin Berque e outros, *L'Habiter dans sa poétique première*, Paris, Éditions Donner Lieu, 2008.

[44] Vassilis Alexakis, *L'Enfant grec*, Paris, Stock, 2012, p. 70.

dim: "Os índios [a utilizavam] para suas assembleias gerais, os cientistas americanos para conceber sua viagem à Lua, Zorro para se trocar, Jane para dar aulas de inglês a Tarzan, Cyrano para compor cartas de amor a Roxane". Em dias de muito vento, a cabana tornava-se uma nave que cruzava a trirreme de Ulisses ou aportava em continentes longínquos. "Aquele lugar exposto a todos os perigos era, ao mesmo tempo, uma espécie de paraíso. Eu fazia, em suma, a síntese de todos os *Clássicos Ilustrados* que já tinha lido...".[45]

Isso não é exclusivo dos meninos. Muitas leitoras se referem a lugares associados à leitura, que têm como característica ser de tamanho reduzido e um pouco escondidos, quer se situem debaixo de uma mesa ou escada, numa edícula, numa despensa na qual era armazenada a roupa a ser passada ou nos galhos de uma cerejeira. Como esta antiga livreira, Claude André:

> "Meu livro preferido durante muito tempo, aquele que conseguiu mesmo fazer com que eu me esquecesse de que tinha lido outros, pois só me lembrava dele, era *Os cinco*, de Enid Blyton. [...] Eu punha o colchão e uma luminária debaixo da minha escrivaninha para ler em segredo: eu me instalava bem quentinha, a noite caía, as passagens secretas da velha casa abriam-se para mim e o mesmo vento soprava na ilha de Kernach e em torno do meu quarto. Eu era transportada. [...] Ouvia soprar o vento na charneca e ao mesmo tempo estava abrigada."[46]

Ao comentar essa lembrança, ela insistiu na sensação bastante física que teria experimentado e concluiu com as se-

---

[45] *Ibid.*, pp. 102-4.

[46] Claude André, "L'Escabeau de la librairie", *Bouquins Poutins*, nº 6, 1989, Médiathèque de la Ville de Metz.

guintes palavras: "Procuro por isso o tempo inteiro quando leio". Experiência primordial, cena vista como originária, cuja riqueza ou tonalidade ela tentaria reencontrar muito tempo depois.

Um reduto um pouco escondido, passagens secretas que se abrem para um outro mundo, o transporte, tantos elementos que ressurgem em muitas lembranças e que, longe de se opor, se atraem. Mas, nessas evocações, o aspecto que primeiramente se destaca parece ser a dimensão do "deslocamento", do afastamento saudável do que está perto, o salto para fora do quadro habitual graças à descoberta de que existe um outro mundo, mais longe. É esse "longínquo" do livro que permite moldar ou preservar um espaço para si, mesmo que ele não assuma a forma física e tangível da cabana ou do reduto sob a mesa; é esse outro espaço que permite encontrar um lugar, no sentido mais pleno do termo.

O objeto-livro e seus conteúdos, textos e ilustrações parecem conjugar-se para fazer da leitura essa experiência espacial. O aspecto material do livro, quando se trata do códex, contribui provavelmente para seu caráter hospitaleiro. É comum ver bebês pousarem um livro sobre a cabeça, como se fosse um telhadinho. Um livro é uma espécie de cabana que se pode carregar consigo; nós a abrimos, entramos, podemos voltar a ela, e sob esse aspecto seria preciso estudar mais de perto o que ocorre com os livros eletrônicos e os *tablets*. Ofereceriam eles a mesma proteção, podemos "entrar" ali da mesma maneira que em um livro encadernado? "Ficamos expostos à tela e protegidos pelo livro" devido a seu caráter imutável, escreve Michel Melot.[47]

Um livro é uma miniatura, um resumo do mundo, pronto a restituir espaços bem mais vastos, dos quais oferece uma

---

[47] Michel Melot, *Livre*, Paris, L'Oeil Neuf, 2006, p. 186 [ed. bras.: *Livro*, São Paulo, Ateliê Editorial, 2012].

versão condensada.[48] Mais ainda quando, em suas páginas, um escritor ou ilustrador representou todo um universo que os leitores poderão usar de base para desdobrar seu próprio microcosmo. Pois toda imagem nos acolhe, segundo o psicanalista Serge Tisseron: "Antes de ser um conjunto de signos a explorar e decifrar, ela é primeiro um espaço a habitar e, eventualmente, a habitar com outras pessoas".[49] Quanto à escrita, Freud via nela "a casa de habitação, o substituto do corpo materno, essa primeiríssima morada cuja nostalgia persiste provavelmente para sempre".[50] O caráter habitável seria, assim, suscitado pelo suporte, as imagens e o texto. E talvez, particularmente, o texto literário, que os poetas desde sempre comparam a uma habitação. O escritor espanhol Gustavo Martín Garzo, por sua vez, compara "a casa da literatura" à de Jane e Tarzan, que têm um lugar para si no meio das árvores, mas no qual entram todos os perfumes e ruídos da floresta.[51] Mais uma vez, a cabana que dá lugar ao que é longínquo. O íntimo e o imenso.

Ler, ou ouvir uma leitura em voz alta, já serve para abrir esses espaços, ainda mais para aqueles que não dispõem de nenhum território pessoal. Em contextos violentos, uma par-

---

[48] Anne Zali assinala que, dentre os múltiplos territórios do escrito, o livro é um condensado, e acrescenta: "Ou seja, a presença do imenso, a presença do vasto mundo como ele está, permanece disponível no interior do formato reduzido do livro". Ver "L'Écrit dans tous ses états", seminário *Métamorphoses du livre et de la lecture à l'heure du numérique*, Biblioteca Nacional da França, 2010: <https://eduscol.education.fr/pid25134/seminairemetamorphoses-livre-lecture.html>.

[49] Serge Tisseron, *Psychanalyse de l'image*, Paris, Dunod, 1997, p. 33.

[50] Citado por Patrick Ben Soussan em *La Culture des bébés*, Ramonville, Erès, 1997, p. 43.

[51] Gustavo Martín Garzo, conferência durante as Segundas Jornadas Interprofesionales, Centro UNESCO de Cataluña e Grup de Biblioteques Catalanes, Calafell (Espanha), 11 de março de 2005.

te deles escapa à lei do lugar, uma margem de manobra se abre. Pois o que descrevem, ao evocar essa saída de sua realidade ordinária provocada por um texto, não é tanto uma fuga, como frequentemente se diz de maneira depreciativa, e sim um salto em um outro lugar no qual o devaneio, o pensamento, a lembrança e a imaginação de um futuro tornam-se possíveis. "O que torna um país habitável, qualquer que seja ele, é a possibilidade que ele deixa ao pensamento de abandoná-lo", escreve Jean-Christophe Bailly.[52] Talvez o mesmo valha para todos os espaços.

Para aqueles que perderam seu lar e os espaços que lhes eram familiares, os livros podem ser outras tantas moradias emprestadas, um meio de recompor seus alicerces espaciais. "Naquela época, eu li tudo o que podia, era a única maneira de encontrar um lugar", diz o escritor cubano Abilio Estévez, referindo-se ao tempo em que, tendo emigrado para Barcelona, ele dormia no chão, na casa de amigos.[53] Algo que, de maneira explícita ou intuitiva, bem sabem os bibliotecários, professores ou psicólogos que lançam mão de livros com crianças, adolescentes e adultos que estão exilados, deslocados, ou cujo ambiente de vida foi destruído ou alterado, como é o caso da periferia de Medellín, na Colômbia, onde bibliotecários desenvolveram um programa intitulado "O refúgio dos contos" quando uma parte da população foi expulsa pelos combates que opunham grupos armados.

Usando um colete à prova de balas, Consuelo Marín ia ler em voz alta para as pessoas reunidas em uma escola do bairro. Certa manhã, ela ouviu tiros que se aproximavam e quis interromper a leitura, mas os jovens ouvintes exigiram ouvir o final da história: "Aquelas crianças que passavam as

---

[52] Jean-Christophe Bailly, *Le Dépaysement: voyages en France*, Paris, Seuil, 2011, p. 77.

[53] *Libération*, 11 de outubro de 2012.

noites chorando nos corredores da escola, com medo do escuro, não queriam perder o fim do conto, como uma segunda pele, a pele da alma que não se pode despir".[54]

"Todos os vivíparos têm sua toca", escreve Pascal Quignard, acrescentando: "É a ideia de um lugar que não seria meu, e sim eu em pessoa".[55] Todos os vivíparos têm sua toca e, além disso, todos os humanos têm necessidade do abrigo de uma cultura. Os bens culturais, e os livros em particular, relacionam-se à toca, a essa "segunda pele", essa "pele da alma" de que fala Consuelo.

## O ESTRANHO ESTATUTO DAS LEMBRANÇAS DE LEITURA

Ler, mas também observar ilustrações, pinturas ou filmes, cantar, contar, desenhar, escrever um blog para compartilhar suas descobertas, são atividades que servem para interpor entre o real e o eu todo um tecido de palavras, de conhecimentos, de histórias, de fantasias, sem o qual o mundo seria inabitável, mesmo que vivamos em lugares bem mais clementes do que aqueles onde grupos armados se enfrentam. Servem para emprestar ao que nos rodeia uma coloração, uma espessura simbólica, poética, imaginária, uma profundidade a partir da qual sonhar, sair à deriva, fazer associações.

Permite ainda constituir uma espécie de reserva poética e selvagem à qual sempre poderemos recorrer para moldar lugares em que viver, "quartos para si" nos quais se pode pensar. Serve para se fabricar uma família quando esta estiver ausente (e, de certa maneira, ela sempre estará ausente).

---

[54] Consuelo Marín, "Biblioteca pública, bitácora de vida", Medellín, 2003: <https://dialnet.unirioja.es/descarga/articulo/1198696.pdf>.

[55] Pascal Quignard, *La Barque silencieuse*, Paris, Seuil, 2009, p. 59.

Vassilis Alexakis conta o seguinte: "Agora que meus pais e meus irmãos morreram, minha família são os personagens da literatura de minha infância", D'Artagnan, Tarzan, Karaghiosis, Alice ou Dom Quixote, que, pelo menos, "tiveram o grande mérito de não envelhecer".[56] Ele escreve para eles:

> "Nós nos perdemos um pouco de vista quando comecei a ganhar idade, todavia a lembrança de seus entusiasmos sempre me acalmou o coração nos momentos difíceis. [...] Eu seria muito infeliz se devêssemos nos separar. Mas por que deveríamos? Eu era mais jovem quando os conheci. Vocês são as únicas pessoas com as quais posso evocar o jardim de Caliteia, onde cresci."[57]

Pois o tempo da leitura não se reduz àquele em que viramos as páginas ou àquele em que ouvimos alguém ler em voz alta. O devaneio e as lembranças de uma leitura fazem parte dela. É estranho que os teóricos da recepção tenham se interessado tão pouco por esses traços, como se toda leitura se consumasse no instante, e que aquilo que ocorre depois, sujeito a todos os desvios, pouco importasse.[58] Entretanto, essas lembranças têm um estatuto bem curioso: dos livros que lemos, restam pouquíssimas coisas, esquecemos praticamente tudo, mas os raros traços que restam, nós os revisitamos de uma maneira bastante particular para tentar nos proteger quando a realidade material é insuportável, como fizeram tantos deportados que resistiram recitando versos para si

---

[56] France Culture, *La Fabrique de l'Histoire*, 8 de outubro de 2012: <https://www.franceculture.fr/emissions/la-fabrique-de-lhistoire>.

[57] *L'Enfant grec*, *op. cit.*, p. 253.

[58] Brigitte Louichon, por sua vez, dedicou um livro àquilo que permanece das leituras que são frequentemente "como os textos etruscos, escritos na neve. Algumas lembranças, todavia, são escritas nos livros". Ver *La Littérature après coup*, Rennes, PUR, 2009.

mesmos. Ou Jean-Paul Kauffmann, refém no Líbano, que durante três anos rememorou para si mesmo os poemas e romances "de antes", empenhando-se para reencontrar sua "impregnação", sua "infusão":

> "Restituir a intriga de *O vermelho e o negro*, de *Eugénie Grandet* ou de *Madame Bovary* não era o objetivo que eu perseguia. Recriar a lembrança de uma leitura, reconhecer em mim o traço que dela subsistia, reencontrar a impregnação, esse era o fim que eu tinha determinado. Dar uma significação àquilo que eu lia era acessório. O que eu procurava era a infusão do texto, não sua interpretação."[59]

Além disso, para cada pessoa, ler e se lembrar de suas leituras ou de suas escapadas culturais serve para projetar no cotidiano um pouco de beleza, dar um plano de fundo poético à vida, esboçar histórias que talvez jamais se realizem, mas que são uma parte de si. Como para Samir, um rapaz que vivia num bairro popular, em uma cidade da Alsácia onde tudo lhe indicava não haver lugar para ele. Ele me falara longamente de *O castelo de minha mãe*, de Marcel Pagnol, lido na adolescência, e relembrava, emocionado, aquela morada a que se chegava após um longo trajeto. O livro alimentara suas fantasias sobre um Sul no qual ele poderia ir viver um dia, próximo de Aubagne, e onde, enfim, encontraria seu lugar. Ou para uma moça na periferia parisiense, a quem uma bibliotecária incentivara a ler as cartas de Madame de Sévigné e propusera em seguida participar de uma excursão para visitar um castelo no qual a missivista havia se hospedado. Anos mais tarde, tendo se tornado cabeleireira,

---

[59] Jean-Paul Kauffmann, *La Maison du retour*, Paris, Nil Éditions, 2007, pp. 115-6.

ela reencontrou a bibliotecária por acaso. Muito emocionada, falou-lhe quase imediatamente da excursão: "Se a senhora soubesse, quando penso naquelas cartas, naquela casa...". Era, dizia ela, uma de suas mais belas lembranças, à qual ela retornava para recarregar seu coração.

Com frequência, é depois de muito tempo que as leituras assumem um relevo decisivo, assim como só se conclui uma viagem anos mais tarde. Há todo um devir psíquico de certas narrativas, imagens ou frases, largamente recompostas ou transfiguradas. Não sei mais qual escritor argentino dizia até que, mais que um livro, era a lembrança de um livro que contava. Quando começamos a modificá-lo, a imaginá-lo de outra maneira. É por isso que, às vezes, nos decepcionamos quando reencontramos num texto uma passagem que tanto nos marcara. Na verdade, nós não havíamos amado essas linhas tanto quanto a ideia que elas despertaram em nós ou a lembrança que veio à tona.

## Encontrar palavras à altura de sua experiência

Pois uma dimensão de apropriação selvagem, quiçá de desvio, está em ação na leitura, sem esperar a recomposição da lembrança: ela é imediata. Desde a mais tenra idade, uma criança não recebe passivamente um texto, ela o transforma, incorpora e integra a suas brincadeiras e pequenas encenações. E, durante a vida inteira, de forma discreta ou secreta, um trabalho psíquico acompanha essa prática, os leitores escrevem sua própria geografia e sua própria história entre as linhas lidas.

Em um colóquio consagrado a Stendhal, um jovem professor afro-americano observou, assim, que quando lia *O vermelho e o negro*, Julien Sorel era negro e Madame de Rénal, branca. "Sorel volta a ser branco quando eu sou professor", especificava.[60] De maneira semelhante, Paul Auster disse um dia a sua mulher, Siri Hustvedt, que o romance de Jane Austen, *Orgulho e preconceito*, se passava no salão de seus próprios pais, em Nova Jersey. O que Hustvedt comenta da seguinte maneira: "Embora qualquer professor de ensino secundário que se respeite tivesse reagido com sarcasmo a tal declaração a respeito do 'quadro', eu me dei conta de que fizera a mesma coisa quando li o romance de Céline, *Morte a crédito*".[61] Ela explica: "O que me parece notável é ter sido preciso pensar a respeito para constatar o que eu fizera".

Nós tomamos posse dos textos lidos tranquilamente, sem nem pensar, tamanha nossa necessidade de que se faça presente do lado de fora aquilo que está dentro de nós, de tanto que buscamos ecos daquilo que vivemos de forma confusa, obscura, indizível, e que por vezes se revela e explicita de maneira luminosa, transformando-se graças a uma história, um fragmento ou uma simples frase. E tal é nossa sede de palavras, de narrativas, de configurações estéticas, que muitas vezes imaginamos descobrir um saber a respeito de nós mesmos fazendo o texto derivar de acordo com os nossos caprichos, encontrando aquilo que o autor jamais imaginara ter posto ali, como o salão de Nova Jersey onde Auster vê desenrolar-se a obra de Austen.

Qualquer que seja o lugar que nos viu nascer, estamos sempre atentos às ressonâncias de nossas experiências mais difíceis de exprimir, que poderiam, enfim, explicitar-se e encontrar uma forma. Somos seres de linguagem sempre na captura de tiradas felizes e em busca de lembretes. Empregamos todos os recursos, frases entreouvidas no metrô, em um

---

[60] Roubei esse exemplo de Robert Bober, que o evocou durante uma discussão pública sobre o filme *Traduire* [Traduzir], da cineasta Nurith Aviv.

[61] Siri Hustvedt, *Plaidoyer pour Eros*, Arles, Actes Sud, 2009, pp. 46-7.

café ou na rua, mas também aquilo que encontramos nos reservatórios de sentido próprios às sociedades em que vivemos, lendas, crenças, ciências, bibliotecas.

"Todos temos um texto secreto submerso em nós, não sabemos o que ele diz e, entretanto, nada, provavelmente, nos interessa mais do que ele", diz Olivier Rollin.[62] Ler serve para encontrar fora de si palavras à altura de sua experiência, figurações que permitem encenar, de maneira distanciada ou indireta, aquilo que vivemos, sobretudo os capítulos difíceis de nossa história. Para disparar tomadas de consciência súbitas de uma verdade interior, acompanhadas por uma sensação de prazer e pela liberação de uma energia entravada. Ler serve para descobrir, não por meio do raciocínio, mas de uma decifração inconsciente, que aquilo que nos assombra, nos intimida, pertence a todos.

## Conhecer o Outro por dentro

Ler também permite aventurar-se no Outro, explorá-lo, apaziguar sua estranheza. Em um texto intitulado *Dans la peau de Gisela* [Na pele de Gisela],[63] David Grossman diz ter chegado à conclusão de que "nós nos colocamos fora de alcance — ou seja, nos protegemos — *de qualquer um*; da projeção de sua interioridade em nós", daquilo a que ele chama "o caos que reina em outrem". Mesmo nos casais que vivem em relativa felicidade, pode haver de maneira instintiva, inconsciente, um acordo tácito que consiste em não conhecer

---

[62] Olivier Rolin, "À quoi servent les livres?", conferência feita a convite da Embaixada da França no Sudão, em 2011, reproduzida no site *Mediapart*: <http://blogs.mediapart.fr/blog/gwenael-glatre/120411/quoi-servent-les-livres-par-olivier-rolin>.

[63] David Grossman, *Dans la peau de Gisela*, Paris, Seuil, 2008, pp. 73-100.

profundamente seu cônjuge. O mesmo ocorreria entre pais e filhos. E isso também vale para o Outro em si, claro. "O que se passa realmente no foro interior do Outro nos amedronta", escreve Grossman; em sua opinião, a escrita seria, entre outras coisas, "um ato de protesto, de resistência, até mesmo de *revolta* contra esse medo". À medida que ele escreve, a necessidade de conhecer o Outro por dentro, de tocar esse mistério humano, se imporia ao escritor. A escrita seria a única maneira de conseguir isso, bem mais do que a fusão física, erótica. O ensinamento da literatura seria, assim, uma qualidade de escuta, de atenção às nuances, às singularidades, a "esse milagre único que cada ser humano representa". "Uma vez que conhecermos o Outro por dentro — mesmo que se trate de nosso inimigo —, não poderemos mais ser indiferentes."

Fazendo eco à escrita, a leitura de obras literárias é um meio quase incomparável de conhecer o Outro por dentro, de se colocar em sua pele, em seus pensamentos, sem temer seu caos, sem medo de ser invadido, sem se assustar demais com a projeção de sua interioridade em nós. Uma maneira não só de se revoltar contra o medo do Outro, como diz Grossman a respeito da escrita, mas também de domesticá-lo, de suavizá-lo.

Ler serve para elucidar sua experiência singular, mas também para ampliar infinitamente os limites dessa experiência, permitindo entrar "na pele de Gisela", de um homem se eu sou uma mulher, de um vaqueiro brasileiro ou uma mulher de letras japonesa se sou europeu, de um louco se me vejo sábio, ou de uma santa se sou ateia. Em seus sentimentos, suas sensações, seu ponto de vista, nos pensamentos dos outros, esse mistério. Somente a literatura permite tal acesso àquilo que eles experimentaram, sonharam, temeram e conceberam, mesmo que vivam em meios inteiramente diferentes do nosso.

É aí que a arte do romance torna-se política, observa Orhan Pamuk, "não quando o autor expressa opiniões políticas, mas quando fazemos um esforço para compreender alguém que é diferente de nós em termos de cultura, de classe e de sexo".[64] Como esta jovem, Aziza, evocando sua leitura de um texto que se passava na Segunda Guerra Mundial:

> "Nós estudamos [a guerra] na aula de História, mas nunca é a mesma coisa. Aprendemos sobre as consequências demográficas, mas é difícil entender quando não se viveu aquilo. Porque, nesse caso, eu tinha a impressão de estar vivendo a história, com aquelas pessoas. É meio abstrato quando o professor diz: 'Então, teve cem mil mortos'. Anotamos o número e pronto. Quando li o livro, pensei comigo: como eles podem ter vivido isso tudo..."

Hoje, essa contribuição da leitura de obras literárias no aprimoramento da faculdade de empatia é frequentemente destacada para "justificar" sua utilidade. "A empatia não é a moralidade, mas pode lhe fornecer elementos essenciais", escreve Martha Nussbaum.[65] Como eu disse na Introdução, Nussbaum se preocupa com a tendência de sistemas educativos submetidos ao modelo do mercado e a um imperativo de utilidade econômica, centrados em competências técnicas diretamente avaliáveis. Esses sistemas abandonam cada vez mais as modalidades de ensino que permitem formar homens

---

[64] Orhan Pamuk, *Le Romancier naïf et le romancier sentimental*, Paris, Arcades-Gallimard, 2012 [ed. bras.: *O romancista ingênuo e o sentimental*, São Paulo, Companhia das Letras, 2011].

[65] Martha Nussbaum, *Les Émotions démocratiques*, *op. cit.*, p. 51. De maneira similar, o escritor Gary Shteyngart observa: "Ler é deixar por um momento de ser você mesmo e entrar na personalidade de um outro. Isso estimula a empatia, o que não é ruim para a democracia"; ver entrevista publicada no *Mediapart*: <http://www.dailymotion.com/video/xnvy5m_gary-shteyngart-on-coule-comme-un-paquebot-italien-mais-l-orchestre-doit-continuer-a-jouer_news>.

e mulheres dotados das capacidades críticas e empáticas necessárias ao exercício de sua cidadania: a literatura, a história, a filosofia e as artes. Para Nussbaum, a literatura e a arte são particularmente adequadas para desenvolver a faculdade da empatia, o respeito, a compaixão, e também para nos deixar menos sujeitos ao medo e à agressividade. Ela faz referência a Winnicott e aos grandes pedagogos progressistas que "entenderam desde cedo que a principal contribuição das artes para a vida após a escola era reforçar os recursos emocionais e imaginativos da personalidade, propiciando às crianças capacidades insubstituíveis para entender a si próprias e aos outros".[66]

O crítico Lee Siegel ironizou recentemente, na revista *The New Yorker*, os estudos que se dedicam a estimar em que medida a leitura de obras literárias tornava as pessoas mais empáticas.[67] Ele apelava para o bom senso, para o fato de que todo mundo já conheceu grandes leitores perfeitamente indiferentes ao destino dos outros. A empatia, aliás, poderia conduzir à generosidade, mas igualmente à capacidade de manipular os outros com sutileza: o desleal Iago é hábil em detectar as menores flutuações da alma de Otelo que, por sua vez, é totalmente desprovido de tal qualidade...

Quanto a esse aspecto, Nussbaum não é ingênua. Ela não acredita que uma simples frequentação das obras baste para desenvolver a capacidade de se identificar com o outro e fazer bom uso dela no espaço público. Ela preconiza uma prática particular: um ensino em grupos pequenos em que os alunos ou estudantes possam debater entre si e ter bastante tempo de discussão com seus professores (os quais, ela nota,

---

[66] *Les Émotions démocratiques*, *op. cit.*, p. 129.

[67] Lee Siegel, "Should Literature Be Useful?", *The New Yorker*, 6 de novembro de 2013. Sobre o estudo de D. C. Kidd e E. Castano: "Reading Literary Fiction Improves Theory of Mind", *Science*, 18 de outubro de 2013.

não são formados para isso na Europa); e obras que deem conta da pluralidade das experiências e culturas humanas.

À deriva utilitarista dos sistemas educativos, ela contrapõe certos programas universitários que não comportavam as "artes liberais" e que as desenvolvem hoje em dia porque seus responsáveis entenderam o que estava em jogo: "Foi precisamente nos institutos de tecnologia e de administração indianos, no centro de uma cultura da tecnologia voltada para o lucro, que os professores sentiram a necessidade de incluir cursos de artes liberais, em parte para corrigir a estreiteza de espírito de seus estudantes, mas também para enfrentar as animosidades nascidas das diferenças de religião e de casta".[68] Nussbaum aponta também o papel da literatura na formação de juízes e legisladores: ler literatura, pensa ela, serve para construir um imaginário mais humano como componente da "racionalidade pública". Além disso, a tendência *Law and Literature* [Direito e Literatura] desenvolveu-se rapidamente nas universidades norte-americanas e vem começando a ganhar corpo em diversos países.[69]

## "Os livros me ensinam a escutar"

Ler todo dia obras literárias serve também para que os médicos, no exercício das especialidades mais árduas, encontrem forças para exercer sua arte com uma grande humanidade, mas também para irrigar seu pensamento. É o que mostra

---

[68] *Les Émotions démocratiques*, *op. cit.*, p. 156.

[69] Martha Nussbaum, *Poetic Justice: The Literary Imagination and Public Life*, Boston, Beacon Press, 1997. Ver também os trabalhos de François Ost. Para citar apenas um exemplo, na Faculdade de Direito da Universidade de Buenos Aires, o programa Leitores pela Justiça "desenvolve ações que articulam a leitura, a literatura e o direito, pensando em uma sociedade mais justa": <http://www.literaturayjusticia.com.ar>.

*La Bibliothèque du docteur Lise* [A biblioteca da doutora Lise], resultado de trinta anos de conversas entre Mona Thomas e uma amiga oncologista, grande leitora. Para essa mulher, literatura e medicina estão sempre interligadas. É a literatura que lhe ensina a *atenção singular* dedicada aos doentes que ela trata — ao passo que tantas vezes essa mesma singularidade é perdida na objetivação do discurso médico. "Os livros me ensinam a ouvir inclusive os pacientes que não têm vontade de falar."[70] "Se consigo extrair os pacientes da massa, do impreciso, é graças à literatura. Um doente não é substituível por outro doente. Eu provavelmente sou cega, egoísta... então, os livros me abrem os olhos." Ela evoca:

> "[...] uma experiência e uma delicadeza que não adquiri sozinha ou na faculdade, mas na frequentação assídua de minha biblioteca. Porque um romance não é apenas uma história. Um grande romance às vezes mal tem uma história. E nisso eu garanto que a literatura me auxilia e nunca deixa de me apoiar no exercício da medicina. Você entende por que Henry James tem seu lugar entre meus livros? Por causa de sua sutileza, que me ajuda a ouvir as pessoas. Junto com Tanizaki."[71]

De cada um dos livros que leu, bem como de seus personagens, a doutora Lise fala com gratidão. Estes últimos dão a coragem de lutar. Eles ensinam que "existe algo mais no homem, para além de seu corpo, e que não se resume ao seu ser e sua alma. Ele, o homem, é falho, mas não seu espírito e nem sua palavra". Os livros também são seus aliados para lutar contra a razão contábil que age no hospital. Ela nota a

---

[70] Mona Thomas, *La Bibliothèque du docteur Lise*, Paris, Stock-La Forêt, 2011, p. 9.

[71] *Ibid.*, p. 153.

importância de sua presença física: "Comprei muitos livros que guardo antes mesmo de lê-los. Eles estão perto de mim, tenho necessidade deles".[72] Ali, "no meio da bagunça", vivos, nutrizes, eles lhe são essenciais, imbuídos de toda a complexidade, de todas as contradições humanas. Eles conseguem dizer um indizível que a adaptação cinematográfica fracassaria em refletir: "Mesmo o *Doutor Jivago* no cinema não é tão bom quanto o romance. Não há nada sobre o sofrimento dos personagens, a dificuldade, a pobreza enfrentada, no fundo não há grande coisa no filme. Mas como os amantes são lindos...".

Universidades de excelência entenderam a importância da literatura e da arte, construindo programas de "humanidades médicas". Já faz trinta anos que a universidade norte-americana Johns Hopkins, muito renomada por seu ensino da medicina, edita a revista *Literature and Medicine* [Literatura e Medicina] para explorar as conexões entre a compreensão literária e o conhecimento e a prática médicos. Desde então, nos Estados Unidos, no Canadá, na Grã-Bretanha, na Austrália e na Escandinávia, as iniciativas se multiplicaram e os estudantes e profissionais da medicina foram encorajados a ler romances ou poesia. Para dar um exemplo recente, o King's College de Londres implementou um centro de humanidades médicas com pesquisadores dos departamentos de Cinema, Letras, Medicina, História da Arte, Filosofia, Psicologia e História, que trabalham sobre o tema da representação da saúde e da doença e sobre a *experiência* dos pacientes.[73]

---

[72] *Ibid.*, p. 57.

[73] Na França, desde 2010, uma experiência baseada na arte e na literatura é conduzida na Faculdade de Medicina de Paris-Descartes com estudantes do 5º ano, no contexto de um curso optativo: "Do estudante de medicina ao médico responsável". "Para aguçar o olhar, preservar sua capacidade de empatia, vão ao cinema, leiam romances, assistam a séries

Jerome Bruner, por sua vez, relembra que a faculdade de medicina da Universidade Columbia, em Nova York, impulsionou um programa de medicina narrativa depois que seus responsáveis compreenderam "que uma parte, ou talvez até mesmo a totalidade, dos sofrimentos (ou das mortes) podia ser imputada aos médicos que ignoravam o que seus pacientes lhes contavam a respeito de sua doença, da maneira como viviam e de seu sentimento de serem negligenciados, às vezes até abandonados".[74] Eles não ouviam essas histórias, mas se atinham aos "fatos".

### Mover o pensamento, relançar a narração

Ler serve ainda para encontrar uma força e uma intensidade que acalmam, um inesperado que faz reviver a atividade psíquica, o pensamento, a narração interior. "Quando leio", conta Patrícia Pereira Leite, psicanalista, "estou em companhia de algo maior, que corresponde talvez à dimensão de minha inquietude: o belo, o sutil, o encantador, a surpresa, esses momentos em que você é abalada, muitas vezes por um detalhe, e que reacendem a sua capacidade de humor, a sua capacidade estética". E que permitem "escrever", nem que seja na mente, e esse é outro elemento essencial do qual pouco se fala.

A literatura, sob suas múltiplas formas (mitos e lendas, contos, poemas, teatro, diários íntimos, romances, álbuns,

---

de TV", diz o professor Beloucif (*Le Monde*, 25 de abril de 2012). Ver também, na Universidade de Toulouse-Le Mirail, o programa Arte e Saúde desenvolvido pelo Laboratório de Letras, Linguagens e Artes: <http://lla-creatis.univ-tlse2.fr/accueil/programmes-de-recherche/axe-ii/art-et-sante/programme-art-et-sante-63161.kjsp?RH=ProgRech_llacre>.

[74] Jerome Bruner, *Pourquoi nous racontons-nous des histoires?*, Paris, Retz, 2002, p. 93.

histórias em quadrinhos, ensaios), oferece um suporte excepcional para reanimar a interioridade, mover o pensamento, reanimar uma atividade de construção de sentidos, de simbolização, suscitar às vezes colaborações inéditas. E esse nem sempre é o privilégio de abastados que se banharam desde os primeiros anos de vida na cultura escrita.

Retornemos à Colômbia, onde Beatriz Helena Robledo percorreu o país para propor oficinas baseadas na leitura e na escrita àqueles que sempre viveram longe dos livros: adolescentes desmotivados, antigos guerrilheiros ou paramilitares, populações que fugiam do conflito armado, crianças que viviam na rua ou em abrigos... Aonde quer que ela vá, sua convicção é a mesma: a literatura é *pura vida*, a vida em si.[75] Para todos, ela propõe sempre os melhores livros, os mais belos poemas, as mais belas lendas. E inventa mil estratagemas para que esses textos se insiram na experiência dessas pessoas, dando atenção à singularidade de cada encontro, de cada situação.

Os textos lidos abrem um espaço em ruptura com a situação dos participantes e reavivam a atividade psíquica, o pensamento, as palavras e as interações dessas pessoas, devolvendo-lhes ecos da parte mais profunda delas próprias. Como no caso do ex-guerrilheiro Julio, cuja voz ninguém jamais tinha escutado e que, depois de ter ouvido uma lenda, falou como não fazia há anos para evocar os mitos aprendidos em sua infância, e depois para contar sua própria história (e vemos aí que ler também serve, às vezes, para reencontrar uma ligação com a tradição oral). Ou um outro rapaz, igualmente desmotivado, que explicava como as oficinas de leitura haviam contribuído para sua educação sentimental, para a formação de sua sensibilidade, de sua interioridade:

---

[75] Beatriz Helena Robledo, *La literatura como espacio...*, *op. cit.*

"Nossa cabeça é meio... como dizer, embaralhada, cheia de nós. Consegui organizar melhor minhas ideias, pensar com mais calma, sem fazer as coisas de qualquer jeito, mas mais lentamente e aprendendo a ter sentimentos. Porque lá esse tipo de coisa era muito reprimido. E aqui não. Lá, a gente simplesmente esquece os sentimentos, o que a gente tem por dentro."[76]

Ao longo dos anos, Beatriz Helena Robledo pôde medir, segundo conta, as infinitas possibilidades oferecidas pela leitura e pela escrita para reconstruir o sentido da vida, curar feridas, ampliar o mundo. Com os mais frágeis, os mais carentes de vínculos, ela observou como a literatura (graças à maestria de um mediador) criava no interior dos participantes uma âncora, "um sedimento de verdade, de certeza afetiva". Como ela se tornava um espaço de possíveis, de comunicação e de convívio, uma outra maneira de encarar o mundo, tanto interior quanto exterior. Como, além do caráter envolvente e protetor da leitura, que evoquei anteriormente, uma transformação das emoções e dos sentimentos, uma elaboração da experiência vivida, uma projeção em um futuro e o início de uma relação com os outros eram, em certas condições, possibilitados.[77] Não é por isso que o mundo se vê livre de seus dramas, violências e desigualdades, mas uma margem de manobra se abre.

No mundo inteiro, muitas pessoas notaram que os textos literários constituíam desde cedo, e durante toda a vida, excelentes suportes para reativar um processo de simbolização, de pensamento, e para renovar as representações da história de uma pessoa; para sustentar e reavivar discursos, nar-

---

[76] *Documento final*, Proyecto Jóvenes de Palabra, CERLALC, 2004, p. 10.

[77] Michèle Petit, *L'Art de lire...*, *op. cit.*

rativas, discussões e conversas sobre a vida, sobre os temas mais delicados, mas sempre sob a proteção da mediação de um texto; para estimular as trocas, fazer circular muitas coisas em um grupo.

A fim de contar a experiência humana, todas as sociedades recorreram a especialistas, narradores, poetas, dramaturgos, artistas ou psicanalistas, que trabalham lentamente, mantendo-se um pouco afastados. Os escritores tomam o tempo necessário para dar sentido a um acontecimento, a uma experiência singular e universal. Profissionais da observação, eles escrevem em proximidade com o inconsciente e seus mecanismos (o deslocamento, a condensação...). Eles espantam a poeira da língua, "tramam a beleza com as palavras", como diz Olivier Rolin. Suas obras muitas vezes nascem do desejo de elucidar um aspecto daquilo que eles próprios viveram. Em ressonância, as palavras lidas às vezes conferem inteligibilidade e alegria, ainda mais quando se propõe aos leitores não um decalque da vida deles, mas uma metáfora, uma transposição, um desvio.

Quando homens ou mulheres me relatavam suas lembranças, eram esses instantes de elucidação, de descoberta, essa narração interior de sua própria história, durante ou após a leitura, que eram evocados de forma recorrente.[78] A propósito, além dos textos literários, o essencial da leitura, quando ela não é regida pela obrigação ou pela utilidade imediata, está provavelmente nos momentos em que erguemos os olhos do livro e surgem associações inesperadas.[79]

---

[78] Ver Michèle Petit, *Éloge de la lecture...*, *op. cit.*

[79] Há mais de vinte anos, Yves Bonnefoy introduzia a ideia de que "na leitura de um texto, a interrupção pode ter um valor essencial e quase fundador na relação do leitor com a obra", em "Lever les yeux de son livre", *Nouvelle Revue de Psychanalyse*, nº 37, 1988, p. 13.

## Erguer os olhos de seu livro

Ler serve para reavivar o devaneio, a criatividade, para encontrar aquela conversa, aquele diálogo tão singular, que bem conhecem os artistas e os cientistas: muitos deles adoram ler. Como Gérard Garouste, pintor e escultor, para quem ler é "uma questão de sobrevivência" e que volta sempre aos mesmos grandes textos: a *Bíblia*, *Dom Quixote*, *O terceiro livro dos fatos e ditos heroicos do bom Pantagruel*, de Rabelais. "Para realizar as oito portas da rue de l'Université [em Paris], fui inspirado por um verso das *Geórgicas* de Virgílio. Estou atualmente trabalhando com o *Fausto* de Goethe para preparar uma exposição e tenho de fato a impressão de me 'fabricar' ao contato dessa leitura".[80]

"Quando pesquisava locais para rodar meu filme, levei comigo *As cidades invisíveis*, de Italo Calvino. É um livro sobre viagem, obviamente, mas também sobre as relações entre um lugar e seus habitantes", explica Gianfranco Rosi, cujo filme sobre as pessoas que vivem nas imediações do grande anel viário que circunda Roma recebeu o Leão de Ouro em Veneza.[81] Alain Prochiantz, neurobiólogo especialista em morfogênese cerebral e autor de peças de teatro, diz por sua vez que "para se afastar do cotidiano e refletir melhor, nada supera a leitura dos Antigos". Com eles, ele tece os fios de uma conversa e defende a necessidade de uma escrita científica literária, "para dar livre curso ao devaneio e rastrear seus próprios pensamentos".[82]

---

[80] *L'Express*, 16 de outubro de 2010, p. 126.

[81] *Le Monde*, 10 de setembro de 2013, p. 13. [Trata-se do longa-metragem *Sacro GRA*, o primeiro documentário a vencer o Festival de Cinema de Veneza. (N. da T.)]

[82] *Journal du CNRS*, nº 179, dezembro de 2004.

A leitura recebe sua dignidade dos pensamentos que desperta, dizia Proust. Para ele, a leitura era "a iniciadora cujas chaves mágicas nos abrem, no fundo de nós mesmos, as portas das casas em que não teríamos sabido penetrar".[83] Ele evocava a figura de um anjo que abre as portas e sai voando em seguida, momentos de graça em que resvalaríamos na quintessência da vida. E caçoava do letrado, para quem "o livro não é o anjo que voa assim que abre as portas do jardim celeste, mas um ídolo imóvel, que ele adora em si mesmo".[84]

O que a experiência da leitura tem de insubstituível talvez seja o fato de abrir os olhos e provocar esse pensamento vivo, o fato de atrair ideias, sugerir comparações insólitas, inspirar, despertar. O que constitui seu valor são esses momentos em que as palavras surgem, os elos são tecidos, em que somos de certa forma fecundados — e eis que os leitores estão do lado da feminilidade. É por isso que tantos escritores leem antes de começar a escrever, é por isso que tantos sábios gostam da poesia ou dos romances para reavivar sua atividade inventiva, para que surjam conexões inesperadas. Trata-se de todo um pensamento aberto para o exterior, e talvez seja por isso que olhamos ao longe quando erguemos os olhos de um livro. "Pensamos sempre alhures", dizia Montaigne. Nesses instantes, pensamos fora de nós, em um "longe" para o qual a leitura nos transportou. Não fizemos mais do que passar pelo livro que nos lançou em uma outra cena.

Essa experiência não ocorre toda vez que pegamos um livro, longe disso, mas talvez seja o que muitos leitores ardorosos buscam, mais ou menos conscientemente: esses momentos de revelação, sempre fugazes, em que o mundo parece

---

[83] Marcel Proust, *Sur la lecture*, Arles, Actes Sud, 1988, p. 37 [ed. bras.: *Sobre a leitura*, Campinas, Pontes, 2003].

[84] *Ibid.*, p. 40.

novo, intenso, em que encontramos nosso lugar poeticamente, em que vemos o que não víamos, em que estamos atentos, acolhendo o que nos rodeia e os pensamentos que nos chegam. Uma expectativa frequentemente frustrada, mas nós insistimos, à caça do anjo que nos abrirá as portas por um instante. E mesmo as de nosso mundo interior, da qual uma folha repentinamente se desenha, se revela. Mas ler ajuda também a reencontrar a admiração diante do que nos rodeia, a olhar melhor "a fim de detalhar o mistério", como dizia Caillois.

Erguer os olhos seria mais fácil com os suportes impressos do que com a leitura em tela? Esta última solicita nossa interatividade, desconectar-se é difícil a tal ponto que novas patologias multiplicam-se, pois, por termos sido literalmente capturados, esquecemos de nos levantar de vez em quando e nos mexer. Todavia, o desejo de suspensão subsiste, mesmo que assumindo outras formas. As bibliotecas contemporâneas, "espaços de conexão", são "igualmente apreciadas pelas possibilidades de desconexão que autorizam", observa Christophe Evans. "Elas permitem preservar a concentração, mantendo distância das fontes de distração e de parasitagem a que o indivíduo moderno está permanentemente submetido."[85] Se eles vêm acompanhados de amigos, se o celular fica ligado e o computador conectado, os jovens usuários evitam "se distrair (demais) nas redes sociais ou em aplicativos lúdicos". Assim, as bibliotecas são "espaços de desaceleração", "um trunfo importante neste momento de aceleração

---

[85] Christophe Evans, "Actualité et inactualité des bibliothèques", *Le Débat*, nº 170, maio-agosto de 2012, p. 68. Na leitura de revistas, que os jovens adultos costumam apreciar, um tempo mais lento também seria procurado (dentre outros elementos) a fim de compensar, por vezes, o excesso de solicitação materializado na profusão de links nas telas. Ver Jean-François Barbier-Bouvet, "La lecture des magazines par les jeunes adultes: un écran de papier?", em Christophe Evans (org.), *Lectures et lecteurs à l'heure d'Internet*, Paris, Éditions du Cercle de la Librairie, 2011, p. 127.

dos ritmos sociais e de conexão permanente", aponta Evans, que em outro momento observa que ninguém previra o retorno das bicicletas ao centro das cidades...

Ler ou permanecer na companhia dos livros serve para encontrar um outro tempo, um outro ritmo, serve para meter "um bastão nas rodas da engrenagem", diz Pep Bruno, para quem isso também "rompe a continuidade do ruído" e "permite então que o silêncio reapareça".[86]

As pessoas que ouvi na zona rural ou nas cidades de periferia francesas, aquelas que conheci na América Latina ou em outros lugares, ou aquelas cujas lembranças pude ler encontraram em suas leituras, ocasionais ou regulares, não tanto um degrau decisivo para realizar uma ascensão social, e sim múltiplos expedientes para encontrar um lugar, para se reapropriar um pouco de sua vida, pensá-la, sonhá-la. Graças à arte de um mediador (pai, amigo, professor, bibliotecário...), elas compreenderam um dia que o que deve ser lido, pelo atalho das páginas, somos nós mesmos e este mundo. A partir daí a leitura não mais apareceu como a ingestão dolorosa de fórmulas impostas por uma autoridade, ou um privilégio invejado e detestado próprio dos privilegiados, ou uma atividade empoeirada à qual a gente de outrora se dedicava por não dispor de nada melhor, mas como um meio de reavivar um pensamento, uma curiosidade, de viver de um jeito mais lúcido, mais intenso, mais divertido ou poético. E um mecanismo para participar de algo mais vasto do que nós mesmos. "Com os livros, não temos apenas a nós mesmos quando nos observamos viver", dizia uma senhora do campo.

---

[86] Pep Bruno, "La révolution silencieuse: lire en tant qu'acte de révolte": <http://www.pepbruno.com/index.php?option=com_content&view=article&id=904:larevolution-silencieuse-lire-en-tant-qu-acte-de-revolte&catid=132&Itemid=307&lang=fr>.

Mas não é por isso que devemos idealizar a leitura. Henry Miller lembrava que "as coisas podem perder todo o valor, todo o encanto e toda a sedução se você é arrastado pelos cabelos para admirá-las".[87] E explicava: "Desde o instante em que você recomenda um livro com excesso de entusiasmo, desperta-se no interlocutor uma certa resistência". Se você também defende a leitura com demasiado entusiasmo, acaba parecendo agressivo. De resto, existem outras atividades que abrem espaços, deixam ouvir o mais profundo da experiência humana, nutrem o imaginário ou reativam o pensamento, segundo modalidades um pouco diferentes. Talvez haja mesmo algumas — mas nem tantas assim — que deixam em nossa memória traços com a mesma força, aos quais podemos retornar para encontrar um lugar nos piores momentos ou para mudar a tonalidade do cotidiano. E trata-se ainda menos de opor a leitura a essas outras práticas, mas sim de multiplicar as passagens entre elas, ou de articular a literatura oral e a escrita, obras infantojuvenis e adultas, criações contemporâneas e clássicas, impressos e telas (como diz Michel Melot, "por que privar-se de suas respectivas virtudes?").

Nestes tempos de revolução digital em que as referências culturais, bem como as informações, chegam por diferentes meios, muitos profissionais estão conscientes dessa necessidade de lançar pontes, de inscrever a palavra escrita em uma abordagem mais vasta. Hoje, muitos livros escolhidos pelas crianças foram objeto de adaptações cinematográficas ou televisivas.[88] De modo mais abrangente, Olivier Donnat observa, "como pensar que a imersão cada vez mais precoce das jovens gerações em um fluxo quase permanente de narrativas

---

[87] Henry Miller, *Les Livres de ma vie*, Paris, L'Imaginaire-Gallimard, 2007, p. 41 [ed. port.: *Os livros da minha vida*, Lisboa, Antígona, 2006].

[88] *Séminaire sur le développement de la lecture des jeunes*, Ministério da Cultura e da Comunicação francês, junho de 2011.

audiovisuais (filmes, séries de televisão, videogames etc.) poderia não ter consequências sobre suas maneiras de satisfazer seu gosto pelo romanesco e sua capacidade de fazer funcionar seu imaginário somente a partir das palavras...".[89]

Entretanto, o imaginário não funciona exatamente da mesma maneira a partir de imagens filmadas e de palavras lidas. Segundo o neurobiólogo Pierre-Marie Lledo, "quando colocamos um indivíduo em uma mesa de tomografia e lhe pedimos para ler, vemos que 80% de sua atividade mental é exercitada. Quando ele assiste a um filme baseado na mesma obra, essa visualização mobilizará apenas 15% da atividade total de seu cérebro".[90]

Ler em uma mesa de tomografia não é exatamente a mesma experiência que ler em uma cabana ou debaixo de uma cerejeira, mas essas observações concordam com as de muitas pessoas, de todas as idades, que dizem sentir-se bem mais "passivas" quando estão diante de imagens que se movem em uma tela do que diante de um livro. Ou com as de Vassilis Alexakis, que escreveu a propósito dos livros de sua infância:

> "Esses textos não foram escritos para serem representados: eles se dirigem ao imaginário de seus leitores. O encanto dos personagens que apresentam reside no mistério que os envolve. Eles são feitos de uma matéria que não suporta os projetores. Alice perde toda a sua leveza assim que a vemos. Suas bruscas mudanças de tamanho tornam-se reconhecidamente ridículas na tela. Parece-me que a história em quadrinhos trai menos

---

[89] Olivier Donnat, "La lecture régulière...", *op. cit.*, p. 51.

[90] Entrevista publicada no *Sud Ouest*, no dia 29 de março de 2012: <http://www.sudouest.fr/2012/03/29/le-cerveau-a-l-age-qu-on-veut-bien-lui-donner-672531-882.php>.

os textos, nem que seja pelo fato de citá-los abundantemente."[91]

Alexakis observa ainda: "Eu suprimia trechos inteiros nos livros que lia, eu criava vazios [...]. Minhas pequenas tentativas de depreciação não eram desprovidas de segundas intenções: eu fazia de tudo para livrar o meu próprio caminho".

Todas as artes podem participar do trabalho graças ao qual as crianças e os adolescentes liberam seu próprio caminho, mas a contribuição da leitura, particularmente de obras literárias, é de grande sutileza, como vimos ao longo deste capítulo. Seria uma pena se ela fosse cada vez mais restrita a uma minoria. Por outro lado, não devemos nos privar de associá-la a outros gestos, principalmente para facilitar sua abordagem.[92]

---

[91] Vassilis Alexakis, *L'Enfant grec*, *op. cit.*, pp. 128-9.

[92] E podemos comemorar o fato de que programas ou oficinas que cruzam "artes e letras", "literatura e saúde", "literatura e justiça", "ciências e humanidades" etc., se desenvolvem tanto nas universidades quanto na sociedade civil. Por exemplo, o Laboratório de Letras, Linguagens e Artes da Universidade de Toulouse-Le Mirail "trabalha no desenvolvimento de programas para descompartimentar os saberes puramente disciplinares, aliando reflexão crítica e práticas artísticas".

# 3.
# VARIAÇÕES SOBRE TRÊS VOCÁBULOS: PALAVRAS, COMUNICAR, NARRAÇÃO

> "Sem histórias, a espécie humana teria perecido, como pereceria sem água."
>
> Karen Blixen[93]

Blanca Calvo é uma mulher espantosa. Ora bibliotecária, ora prefeita da cidade de Guadalajara, na Espanha, ora ministra da Cultura da comunidade autônoma de Castela-Mancha, depois novamente bibliotecária, ela tem uma energia alucinada, cinco ideias por minuto, promove clubes de leitura, monta exposições (dentre as quais uma muito bonita em que se acompanhava o destino de vários bibliotecários durante a Guerra Civil).[94] Foi ela quem propôs aos habitantes de sua cidade que participassem da transferência das 1001 últimas obras da biblioteca, formando uma cadeia humana que ia do antigo local ao novo edifício,[95] e também quem lançou, em 1992, uma Maratona de Contos.[96] Durante dois dias e duas noites, sem parar, as pessoas contam centenas de histórias. Acrescentam-se a isso uma maratona de fotografias, de rádio, de ilustrações, de música e ateliês, seminários, ex-

---

[93] Karen Blixen, "Le premier conte du cardinal", em *Nouveaux contes d'hiver*, Paris, Gallimard, 1977.

[94] *Bibliotecas en guerra*, Biblioteca Nacional Espanhola, 2005 (curadores: Blanca Calvo e Ramón Salaberria).

[95] Ver *Educación y Bibliotecas*, nº 143, Madri, setembro-outubro de 2004.

[96] Ver <http://maratondeloscuentos.org/spip>.

posições. A ideia foi retomada, sob outras formas, em diversas cidades. No momento em que escrevo este livro, Blanca acaba de se lançar em um novo projeto junto com paleontólogos, etnólogos, contadores e escritores da África do Sul, Espanha, Itália e França: abordar, imaginar o que pode ter sido a origem das narrativas.[97] Esse trabalho sobre a leitura proporciona a ocasião de fazer encontros interessantes.

A primeira vez que Blanca me convidou para participar do seminário que ocorre durante a Maratona, fiquei honrada, emocionada, mesmo não sendo muito fácil falar em uma cidade onde tantas histórias são contadas. Quando lhe perguntei qual tema ela gostaria que eu abordasse, ela disse: "Pois bem... gostaria que você falasse das palavras (*de la palabra*), do que significa 'comunicar', e também da narração, do relato!": temas imensos, a respeito dos quais, há milênios, sábios, filósofos, pesquisadores e escritores escreveram aos montes... Ao escutá-la, perguntei a mim mesma em que vespeiro eu estava mexendo. Como tratar desses temas sem cair em clichês, em generalidades? Todavia, pelo tom leve e jovial de sua voz, ela me indicava que eu não era obrigada a fazer uma demonstração fastidiosa. Estávamos em um espaço de liberdade, de fantasia, no qual eu podia deixar-me levar ao sabor de meus devaneios, fazer digressões, contar histórias.

Pouco tempo depois, em um trem, voltando de alguns dias de férias, eu dormitava diante da paisagem e me lembrava daqueles termos — palavras, comunicar, narração — e algumas cenas e lembranças me vieram à mente. Esse foi meu ponto de partida, sem que eu fizesse a menor ideia de onde aqueles fiapos e fragmentos de ideias iriam me levar.

---

[97] Ver *El País* de 8 de junho de 2013: <http://cultura.elpais.com/cultura/2013/06/08/actualidad/1370715680_395251.html>.

## A criança em uma flor de papéis cobertos de palavras

Primeiro vocábulo que me fora lançado: a palavra... "palavras". O que isso me evocou foi, de início, uma cena que se passa no México, encontrada em uma autobiografia de leitor escrita por um professor. Nela, José Gilberto Corres García falava da casa de sua infância: "Minha casa era minha vida, os pássaros, as árvores, cada raio de sol pela manhã. Minha casa era todo o meu mundo, ela era minha solidão, minha liberdade". Ele evoca seu pai que regava as plantas assobiando, sua mãe que cantava, as palavras escritas presentes na casa. E oferece esta cena:

> "Meu pai se encarregara de conservar uma quantidade de papéis, de pedaços de livros e de velhos cadernos escolares de minhas irmãs em caixas de papelão nas quais eu adorava fuçar periodicamente quando as bordas se desfaziam. Esses papéis eram uma das minhas brincadeiras favoritas depois que aprendi a ler. Eu gostava de classificá-los conforme seu tamanho ou forma. Eu não lembro com certeza em que eu me baseava para classificá-los, mas lembro que os separava em pilhas que ocupavam todo o meu entorno, até fazer uma espécie de ninho ou de flor com cheiro de antigo. Era uma espécie de toca circular na qual eu vivia minhas próprias aventuras e minhas próprias tragédias; onde eu era meu próprio herói [...]. Não sei, acho que esses papéis eram mais meus do que de qualquer outra pessoa, eu conhecia cada um daqueles convites para festas, os calendários guardados com recortes de jornal, as correspondências de meu pai batidas à máquina, mas principalmente os pedaços de um livro de contos recheado de ilustrações, com si-

lhuetas de crianças minúsculas correndo em jardins e rodeadas de trepadeiras."[98]

Antes mesmo de vir à terra, cada criança já está envolta em palavras "com cheiro de antigo" que estão ali antes dela, todas as que nomeiam o mundo, que dizem ou ocultam o destino das gerações que a precederam, bem como os desejos que a fizeram nascer e que decidem boa parte de seu destino. Nessa linguagem, cabe a ela encontrar seu lugar, situar-se, tornar-se súdito dela. Compor um ninho, uma toca para viver suas próprias aventuras e suas próprias tragédias, como diz José Gilberto. Um imenso trabalho psíquico, bem além do aprendizado das sílabas e das letras.

É impossível reencontrar a sensação que deve ter suscitado em nós, quando éramos crianças, o mistério das palavras ouvidas e ainda incompreensíveis, ou o das letras grandonas nas ruas, quando nos levavam para passear, ou as de formato bem mais miúdo, nos jornais ou livros, se a casa em que crescemos os abrigava. Talvez nos aproximemos dessa sensação quando visitamos cidades estrangeiras cuja língua nos é completamente desconhecida. Algumas vezes, tive essa sensação na Ásia, onde nenhum ideograma ou fonema me era familiar. Na Grécia também, quando comecei a viajar para lá. O enigma e o encanto eram tais que me apressei em aprender o grego moderno (digo que "me apressei", mas isso levou alguns anos). E lembro-me do júbilo de quando comecei a decifrar as placas na rua, mas também da leve decepção quando pude distinguir, no canto melodioso das sílabas, termos que nomeavam realidades triviais — dinheiro, mercado, briguinhas de escritório ou de família.

---

[98] José Gilberto Corres García, "El pozo de las letras". Agradeço a Rigoberto González Nicolás por ter me transmitido essas belas autobiografias de leitores.

Um de meus melhores amigos apaixonou-se profundamente por uma mulher sem sequer tê-la visto, só porque a ouviu, atrás dele, falar em uma língua que ele desconhecia totalmente. "Mas o que é isso?", pensou ele antes de se virar, extasiado. Provavelmente havia ali uma ligação com a fascinação que sentimos, quando criança, pelas sílabas ininteligíveis que nossa mãe e nossos parentes pronunciavam diante de nós.

Tudo isso para dizer que no princípio não era o verbo, e sim a voz. E o espanto, a intriga. Existem pessoas que se tornaram escritores precisamente porque não compreendiam certas palavras das histórias que lhes eram lidas ou contadas. Por isso, sempre é bom que algumas palavras escapem às crianças nas narrativas que lhes fazemos.

A intriga está igualmente no coração de nossa relação com a linguagem escrita e com os livros. Como em outro relato autobiográfico, também composto por um professor mexicano. Anibal Luis Meléndez evoca a chegada de um livro "azul como o céu" em sua casa, quando ele era criança. Um livro que seu pai

> "[...] segurava nas mãos, olhando-o fixamente, deitado na rede que pendurava nas paredes do quarto em que dormíamos. Consegui ver alguns desenhos e uma porção de coisas curiosas, que soube mais tarde serem letras. Aquele livro suscitava minha curiosidade, pois a atitude de meu pai mudava quando se confrontava com ele, meu pai não se comportava como todos os dias. [...] Minha curiosidade em saber o que diziam aquelas letras não tinha limites e, mesmo sem saber ler, eu queria olhar os desenhos. Principalmente aquele barco a ponto de soçobrar em meio à tempestade, em um mar revolto com ondas enormes, a ponto de engolir um homem que boiava, abandonado, na superfície. [...] Meu pai jamais me disse o que estava lendo. Não sei por quê, mas teria ado-

rado que ele me lesse ao menos um trecho daquele texto estranho."

O pai guardava esse livro fascinante em um armário trancado e, um dia, durante a sua ausência, a criança iria roubar as chaves para abordar aquilo que, bem mais tarde, revelar-se-ia uma história religiosa.

"Ninguém deseja o que carece de mistério", diz Ema Wolf. Seja consciente ou não, durante a vida inteira a busca de um segredo está no cerne da leitura. Um segredo difícil de situar, ele está nas letras enigmáticas e no cerne de nós mesmos. Na voz da mãe, às vezes na do pai, e no "longe" para o qual ela ou ele parece voltar seus pensamentos. Na cabeça ou no corpo, no mais profundo de seu corpo, na espessura das coisas, nas nuvens, na matéria, quem sabe?

Nos primeiros tempos da vida humana, é a mãe quem fala à criança, ou a pessoa que lhe dedica os cuidados maternos. Ela fala do mundo, ela o sonha junto à criança. E a palavra vale antes de tudo por suas modulações, seu ritmo, seu canto. Em todas as culturas, aprendemos primeiro a música da língua, sua prosódia, que não se ensina, mas se transmite. E em todas as culturas, antes de pronunciar as primeiras palavras, os bebês começam um dia a apontar com o dedo para alguém que está ali, perto deles. É o que os linguistas chamam de atividade dêitica. Com seu gesto, a criança isolou um objeto dentre aqueles que a rodeiam, segmentou o mundo e distanciou-se dele. O adulto então dá nome ao que foi apontado: "o cachorro", "o gato", "o avião", ou esboça uma historinha.

É difícil imaginar o espanto que devemos ter sentido quando compreendemos que o canto da linguagem servia também para nomear esta ou aquela coisa, e o regozijo que experimentamos quando conseguimos reproduzir os sons que nos tornavam um pouco senhores dela. Às vezes, pareço ouvir os ecos longínquos desse prazer, por exemplo, nas anotações feitas por Delacroix em viagem a Tânger: "As tendas brancas sobre todos os objetos escuros. As amendoeiras em flor. O lilás da Pérsia, grande árvore. O belo cavalo branco sob as laranjeiras".[99] Dia após dia, ele percorre o país, pinta aquarelas admiráveis enquanto galopa e, aquilo que não tem tempo de pintar, ele escreve em seu caderninho; cobre páginas com listas de palavras sem se sobrecarregar com frases: "Cachorros no terraço. Gatos idem".

Essa nomeação adâmica dos seres e das coisas também é aproximada pelos escritores, como nestas linhas de Pierre Pachet com que me deparei ao escrever este texto. Ele está em um trem, que transforma as paisagens em espetáculos: "Tudo vai depressa, desaparece assim que entra no canto do olho: alegria de perceber e de enumerar, dor de perder e de esquecer que perdemos. Carneiros brancos, filas de pereiras, garça jovem em repouso, vacas marrons, uma vaca branca".[100]

Aqui, mais uma vez, a alegria um pouco infantil da nomeação dos animais, do tamanho de brinquedos, de que o viajante se apodera e leva em seu caderninho. Os artistas e os escritores muitas vezes preservam essa apropriação lúdica e jubilosa do mundo e de seus objetos. O belo cavalo branco sob as laranjeiras ou as vacas marrons ainda vivem em seus desenhos ou frases, que os fazem ressurgir diante de nós, ao passo que tantas palavras que empregamos no cotidiano se extinguem, sem mais relação com a descoberta maravilhada do que nos rodeava e as sensações que ela trazia.

Mas a vontade de nomear do escritor, assim como a do pintor, é marcada por outra coisa, por essa "dor de perder" evocada por Pachet, que escreve: "Seria preciso pedir perdão

---

[99] "Carnets, Tanger, dimanche 12 février 1832", em Maurice Arama, *Le Maroc de Delacroix*, Paris, Éditions du Jaguar, 1987, p. 153.

[100] Pierre Pachet, *Loin de Paris*, Paris, Denoël, 2006, p. 35.

a tudo o que não sabemos olhar, solicitar o direito de não fazer nada mais além de passar". Ou Delacroix: "Sou, neste momento, como um homem que sonha e que vê coisas que ele teme ver escapar".[101] Mal e mal vistas, perdem-se as vacas marrons e o belo cavalo sob as laranjeiras; mal e mal vividos, também os encontros felizes. É também por isso que criamos, falamos, escrevemos e contamos histórias. Existe, assim, uma outra função essencial da linguagem, além da designação das coisas em sua presença: nomear a ausência.

Isso começa, ao que parece, com a linguagem do corpo. Nos últimos anos, os especialistas na primeira infância observaram bastante os bebês e perceberam uma atividade muito precoce de representação na qual eles reproduzem com seu corpo e seus gestos as ligações que acabam de ter com a mãe. Dessa maneira, desde cedo a criança tem a capacidade de representar, em seu teatro corporal ou comportamental, os encontros que vive naquele momento.[102]

Tratar-se-ia, então, de uma atividade de representação essencialmente para si mesmo, para compensar a falta de domínio sobre a presença do outro.[103] Mais tarde, a simbolização pelas brincadeiras e pelas sílabas virá se acrescentar à linguagem do corpo, como no célebre episódio do *fort-da* em que Freud observa seu netinho de dezoito meses.

Durante as ausências de sua mãe, ele não chorava jamais, mas brincava com os objetos, em particular com um carretel: "A criança tinha um carretel de madeira, enrolado em um barbante [...] segurando o barbante, ele lançava o carretel com muito jeito por cima da borda de seu berço envol-

---

[101] Carta a J. B. Pierret de 25 de janeiro de 1832, *Le Maroc...*, *op. cit.*, p. 140.

[102] Bernard Golse e Sylvain Missonnier, *Récit, attachement et psychanalyse*, Paris, Erès, 2005, p. 12.

[103] Bernard Golse, *Du corps à la pensée*, Paris, PUF, 1999, pp. 131 e 172.

to em uma cortina, atrás da qual ele desaparecia. Ele pronunciava então seu invariável *o-o-o-o* [no qual o observador reconhecera a palavra *fort*: "longe"], puxava o carretel de volta e o saudava, desta vez com um alegre *da!* [aqui!]".[104] A brincadeira permitia à criança suportar a partida e a ausência de sua mãe. Ela compensava "reproduzindo, com os objetos que tinha à mão, a cena do desaparecimento e do reaparecimento". Ela era ativa, invertia a situação e até mesmo satisfazia, ao lançar o carretel, um desejo de se vingar, como se dissesse àquilo que lhe escapava: "Não preciso de você, eu mesmo mando você para longe".

Evelio Cabrejo Parra observa que, para nomear a ausência, uma criança vai começar a utilizar duas palavras. Por exemplo, mostrando o copo vazio, ela dirá: "nenê tomou" ou "não tem".[105] Assim começa sua viagem pela sintaxe da língua e seu périplo no espaço e no tempo. Mas essa aquisição também tem seu lado sombrio, acrescenta Cabrejo Parra: quando o bebê pode dar nome ao que está ausente, a possibilidade de sua própria ausência surge em sua mente. E esse é um trauma, uma ferida contra a qual todos tentam protegê-lo, mas da qual ele jamais será curado. Felizmente, existe a cultura, e também a língua da narrativa, para aplacar o seu tormento.

Outro lado sombrio: a linguagem é incapaz de dar conta de certas coisas, ela cava um fosso com relação à experiência global, não verbal, da qual certos aspectos jamais serão representados com palavras. E elas dirão nosso exílio, mas

---

104 Sigmund Freud, "Au-delà du principe de plaisir", em *Essais de psychanalyse*, Paris, Payot, 1972, pp. 16-8 [ed. bras.: "Além do princípio do prazer" em *Obras completas*, vol. 14, São Paulo, Companhia das Letras, 2010].

105 Evelio Cabrejo Parra, "Langue, littérature et construction de soi", em Henriette Zoughebi (org.), *La Littérature dès l'alphabet*, Paris, Gallimard, pp. 83 ss.

também, de tempos em tempos, a alegria do reencontro quando permitirem ouvir, escondida em um texto, uma voz, e nos aproximar de uma região oculta de sensações graças à arte de um contador ou de um escritor.

### O LUGAR ONDE NOS ENCONTRAMOS É AQUELE EM QUE BRINCAMOS

"Comunicar": esse foi o segundo vocábulo lançado por Blanca Calvo. Já o encontramos nesses jogos, trocas e diálogos entre a mãe e o filho pequeno, nessas cenas em que o bebê não pôde guardar para si o que se produzia nele ao ver um cachorro correr ou um passarinho voar. As palavras não caem do céu, não mais que o pensamento. Se a criança tem competências linguísticas ao chegar ao mundo, é graças a uma intersubjetividade com um adulto que elas se desenvolvem. Apenas o desvio através do outro lhe permite dar pouco a pouco forma e sentido àquilo que experimenta, construir uma significação e dirigir-se à linguagem verbal. Ela precisa também ter experimentado o prazer do diálogo, seu interesse, ter sentido que, por esse viés, era possível causar um efeito no outro, tocá-lo.

O termo "comunicar" trouxe de volta uma lembrança da minha própria infância. Quando eu tinha sete ou oito anos, todo verão, meu primo e eu passávamos as férias com nossos pais na Côte d'Azur, pertinho da fronteira italiana. Nossos dias se passavam em uma praia abaixo de um cais. Desse cais dominante, de vez em quando, algumas pessoas lançavam uma chuva de folhetos publicitários, que hoje em dia chamamos de *flyers*. Os veranistas apanhavam alguns no ar, outros ficavam na areia até a noite, quando um empregado os recolhia para jogar fora. Alguma coisa nesse gesto de atirar devia nos fascinar, tanto que um verão tivemos a ideia de acumular os folhetos que encontrávamos na rua. Dia após dia, onde quer que passássemos, recolhíamos aos punhados essas propagandas sem nos preocupar nem por um instante com o que elas anunciavam. Quando a colheita era suficiente, fazíamos por nossa vez aquele gesto que tantas vezes havíamos visto: lançávamos sobre a praia, do alto do cais, os papéis coloridos. É provável que alguns deles convidassem para eventos que, nesse meio-tempo, já haviam ocorrido. Pouco nos importava: o essencial era lançar folhas cobertas de letras. Elas conheciam seu destino habitual; algumas eram recolhidas, outras permaneciam na areia. O que nos dava a ocasião de descer as escadas, apanhá-las e subir novamente correndo para voltar a jogá-las, e assim sucessivamente.

Sob certos aspectos, não estamos distantes do neto de Freud com seu carretel. Pois era o gesto, antes de tudo, que nos agradava, e a impressão de poder que ele conferia. E em parte, era para nós mesmos que enviávamos os papéis, já que mal tinham sido lançados e já corríamos para recolhê-los. Mas não estávamos ligados a eles por um fio, eles nos escapavam, e era também a busca por um destinatário desconhecido que nossa brincadeira expressava. Acrescento que não lançávamos qualquer coisa, confetes, serpentinas ou pétalas, o que não teria nos interessado de forma alguma. Não, eram folhas de cores brilhantes, todas cobertas de letras.

Décadas mais tarde, lancei muitas palavras aos quatro cantos do mundo, e ainda o faço ao escrever estas linhas. Lanço palavras para aqueles que vão me ler ou escutar, com a esperança de que recolham algumas, enquanto outras vão permanecer na areia. Eles tomarão aquelas que tiverem falado a uma de suas lembranças, encontrado algo que os preocupava e talvez ainda não tivesse ganhado forma. Eles me roubarão palavras — ou pelo menos assim espero — e deformarão o sentido que eu acreditava ter dado a elas, farão delas um uso livre. Assim como eu faço com as palavras que ouço ou leio. E se soubéssemos o que as outras pessoas fabricam com aquilo que lhes damos, ficaríamos muito espantados. A linguagem é feita assim, de desvios, apropriações, alterações. Não tenho certeza de que ela sirva para "comunicar", mas sim para criar mal-entendidos incessantemente renovados, alguns deles divertidos como uma peça de Feydeau,[106] outros lamentáveis.[107] Mas com esses deslizes, essas aproximações, esses deslocamentos de sentido, esses lapsos, essas descobertas, nós chegamos a sonhar, a pensar. Nós procuramos uns aos outros tateando, nos esbarramos. E de tempos em tempos, nos encontramos.

Penso em uma cena que me foi contada por Mirta Colangelo, "arte-educadora" argentina que era poeta em tudo o que fazia. Durante uma oficina de leitura e escrita, ela lera para crianças de oito ou nove anos "A garrafa que boiou durante vinte anos".[108] Laura Devetach narra o périplo desse objeto de uma praia do Brasil até as costas do Mar do Norte, que fora o ponto de partida das relações entre os dois lados do Atlântico. Mirta propôs às crianças que lançassem, por sua vez, garrafas com mensagens para encontrar amigos. Foi o que fizeram ao cair do dia com muita cerimônia, em Puerto de White. Algum tempo depois, Jorge Pérez, operário de um porto mais afastado, encontrou uma das garrafas. Ele acabara de perder seu trabalho e vagava sem saber para on-

---

[106] Georges Feydeau (1862-1921), dramaturgo francês, autor de comédias leves, repletas de quiproquós e mal-entendidos. (N. da T.)

[107] Como qualquer pessoa que escreve, fala em público e responde ocasionalmente aos convites da mídia, de tempos em tempos fico estupefata com as palavras que me atribuem. Algumas vezes, o autor das deformações justapôs a uma frase copiada de um de meus livros outra de sua lavra, depois deslocou tranquilamente as aspas, atribuindo-me assim sua opinião. A internet facilita, em seguida, a circulação dessas manipulações (que raramente são conscientes). As frases que me atribuem também podem ser pura invenção. Ao longo dos anos, eu poderia fazer uma pequena antologia com tudo o que dizem que eu falei.

[108] Laura Devetach, *Cuentos que no son cuento*, Buenos Aires, Alfaguara Infantil, 1986.

de ia quando viu aquela garrafa encalhada entre juncos, contendo papéis. Ele a quebrou contra uma pedra. Os desenhos representavam sóis e gaivotas, e a carta dizia: "*Hola*, eu me chamo Martín. Tenho oito anos. Gosto de nhoque, de ovo frito e da cor verde. Adoro desenhar. Procuro um amigo pelos caminhos da água".

Dezesseis anos depois, Jorge Pérez celebrava ainda o aniversário do dia em que recolhera a garrafa. Nesse meio-tempo, ele encontrara as crianças, abrira uma banca à qual dera o nome da oficina de leitura, "A casa do sol", e mais tarde soube que o escritor Eduardo Galeano havia contado o périplo daquela mensagem.[109] Jorge conservava esse livro para repassá-lo a seus netos.

Mas a história não acaba aí. Anos após a primeira garrafa lançada, Mirta Colangelo leu novamente "A garrafa que boiou durante vinte anos" e depois o texto de Galeano. Dessa vez, ela estava em um abrigo para o qual crianças de sete a catorze anos, oriundas de famílias pobres e desestruturadas, haviam sido mandadas por decisão dos tribunais. Entusiasmadas, elas quiseram repetir a experiência. Prepararam as garrafas, foram até Puerto de White recitando pequenos poemas e saudando as pessoas que encontravam. Cada garrafa foi acompanhada de um "Boa sorte!" pronunciado três vezes. Novamente, algum tempo depois, uma família encontrou uma das garrafas a oitenta quilômetros de lá. Eles foram de surpresa até o abrigo levando laranjas e linguiças, porque o autor da carta, Christian, escrevera que gostava muito disso. Por muito tempo, continuaram a enviar-lhe guloseimas, tangerinas e palavras afetuosas. Mirta concluiu sua narrativa dizendo: "Nestes tempos em que valorizamos tanto o urgente, o imediato, a suposta supercomunicação oferecida pela

[109] Eduardo Galeano, *Bocas del tiempo*, Cidade do México, Siglo XXI, 2004 [ed. bras.: *Bocas do tempo*, Porto Alegre, L&PM, 2010].

tecnologia, acreditar na espera, nessas cartas enviadas pelo caminho das águas, no acaso, nesses 'encontros em momentos arbitrários, os únicos verdadeiros', como dizia Cortázar, pode proporcionar raros prazeres".

As cenas que evoquei, o arremesso de *flyers* e o das garrafas, têm outro ponto em comum além da busca de um destinatário: elas ocorreram em baías ou litorais. Embora seja frequentemente celebrada em lugares institucionais, a leitura tem a ver com as praias — exceto quando é puramente utilitária. Muitas vezes pensei que nós líamos nas margens, nas costas da vida, na orla do mundo. Em tempos um pouco furtivos, à margem do cotidiano. E que talvez não fosse preciso lançar os holofotes sobre essa atividade, e sim preservar sua porção de sombra, de segredo. Como no amor.

Eu me interesso por essas praias da vida, tão essenciais quanto "inúteis", por esses lugares discretos em que cada um de nós é remetido a seu devaneio, seu pensamento, ao mais íntimo de nós mesmos e onde, todavia, encontramos os outros. Pois, como observava Nuala O'Faolain: "Parece até que os humanos têm necessidade de ir ao encontro dos outros uma vez que a porta da imaginação tenha sido aberta".[110]

Estamos aqui bem distantes dos usos atuais do termo "comunicar". De fato, por um curioso deslizamento, esse vocábulo passou a significar "fazer sua publicidade", "estar visível". Dizemos que um homem político "se comunica mal": ele não sabe vender sua imagem. Vale pensar também nos estágios de "comunicação" em que aprendemos a interpor entre nós e os outros suportes visuais que vão, na verdade, encobrir e impedir qualquer palavra verdadeira. Existe a ideia de ir ao essencial, claro. Mas, em muitas áreas, aproximar-se do essencial e dos outros pressupõe a passagem por desvios e caminhos alternativos.

---

[110] Nuala O'Faolain, *J'y suis presque*, Paris, Sabine Wespieser Éditeur, 2005, p. 154.

Rabindranath Tagore escreveu um poema do qual extraí estas linhas:

> "Sobre a margem dos mundos sem fim, crianças se encontram com gritos e danças.
>
> Elas constroem suas casas com areia; e brincam com conchas vazias.
>
> Com folhas murchas equipam suas barcas e, sorrindo, lançam-nas ao mar profundo. As crianças fazem brincadeiras sobre a margem dos mundos. [...]
>
> Sobre a margem dos mundos sem fim, crianças se encontram."[111]

O lugar em que nos encontramos talvez seja essa margem em que brincamos, e isso não escapou ao grande psicanalista infantil D. W. Winnicott, que citava esse poema. Assim como Tagore, ele pensava que o brincar e a arte desenvolviam simultaneamente a capacidade de empatia, a sensibilidade para com o outro e a autonomia. Ambos observavam que aquilo que fazemos seriamente, com criatividade, encontra sua origem no brincar e na cultura derivada dele. São testemunhas os sábios que, com muita frequência, fazem suas descobertas em um passeio, rabiscando em uma folha ou erguendo os olhos de um romance.

Vemos assim a que ponto, sob essa perspectiva, os recursos culturais são tão vitais quanto a água, ou quase isso. Ora, sejam eles oferecidos por pessoas próximas, pela tradição oral quando ela ainda está viva e potente, por instituições como a escola ou a biblioteca, por associações, por certos programas televisivos ou pela internet, esses recursos são desigualmente distribuídos. Assim, cada pessoa tenta brincar com o que encontra, um carretel e um barbante co-

---

[111] Trata-se do poema "On the Seashore" ["Na beira-mar"]: <http://www.poetryfoundation.org/poem/174939>.

mo o neto de Freud, papéis cobertos de letras como a criança mexicana, ou belas histórias quando temos a sorte de lê-las ou ouvi-las. O que não quer dizer que tudo seja equivalente ou substituível.

### Tecer narrativas, remontar o mundo

Passemos ao terceiro termo: "narração". A primeira coisa em que ele me fez pensar foi o burburinho das palavras nas ruas de Atenas. Falei anteriormente de minha fascinação pelo grego moderno que eu desconhecia completamente quando visitei a cidade pela primeira vez. Ora, em pouco tempo, percebi que uma palavra retornava constantemente em tudo o que ouvia: λοιπόν. Logo aprendi que ela significava "então", "logo", "consequentemente", "assim", "pois bem": um vocábulo empregado a torto e a direito para articular os episódios, pontuar os acontecimentos ou as ações quando narramos. Eu estava, λοιπόν, rodeada de inúmeras narrativas que, todas, me escapavam, e talvez tenha sido o desejo de não mais ser excluída delas que me impulsionou a aprender aquela língua, além de sua musicalidade e sua grafia, que apontavam para algo muito antigo.

"Narração" também me fez pensar nas iniciativas que se multiplicaram, mais ou menos em toda parte, há uns vinte anos, em torno da narrativa oral e escrita. Por exemplo, nas comunidades indígenas da Amazônia que, junto com os jovens mediadores da associação Vaga Lume, confeccionam livros ilustrados com desenhos ou colagens reunindo diversas histórias.[112] Muitas delas evocam uma desgraça, o acidente de um próximo ou um encontro inquietante com um ser len-

---

[112] Ver <http://www.vagalume.org.br>. Agradeço a Sylvia Guimarães por ter me dado cópias de várias dessas obras.

dário, um peixe maravilhoso, um fantasma. Motivos míticos misturam-se frequentemente a temas religiosos. Algumas delas são regidas pelas "funções do conto" que, segundo descobriu Propp, ordenam-se sempre da mesma maneira: um personagem se afasta de casa, ele é informado de uma proibição, a proibição é transgredida, e assim por diante. Os livros são realizados com uma preocupação estética perceptível nos detalhes, a maneira como um pedaço de tecido é recortado para confeccionar a saia de uma curandeira ou o contorno de uma página é emoldurado com lã colorida.

Penso ainda nas mulheres de um bairro popular da província de Entre Ríos, na Argentina, que, há alguns anos, ocupavam-se de uma cantina popular e queriam acrescentar um "alimento cultural" aos pratos que serviam às crianças. Silvia Seoane promoveu uma oficina para ajudá-las a encontrar uma relação saudável com a narração oral, a fim de que pudessem em seguida contar ou ler histórias.[113] Ela foi surpreendida pelo trabalho de apropriação e elaboração estética que elas realizavam, bem como pelo surgimento do desejo, entre as que eram analfabetas, de aprender a ler para também ter acesso aos contos. A transição para o mundo da escrita foi facilitada porque ele foi prefigurado em uma oralidade que diferia das trocas espontâneas do cotidiano e cuja lógica se aproximava da que existe na narração escrita.

Hoje, assim como essas mulheres, muitas pessoas sabem que desde a mais tenra idade é essencial propor às crianças alimentos culturais, narrativas, e que um bebê necessita de literatura para crescer e se pensar, pouco a pouco, como um pequeno sujeito distinto de sua mãe e começar a formular sua própria história. Aquelas e aqueles que organizam oficinas culturais esperam igualmente que, em qualquer idade, os con-

[113] Essas oficinas foram desenvolvidas no âmbito do Plano Nacional de Leitura, implementado pelo Ministério da Educação argentino.

tos e textos lidos ajudarão cada pessoa a construir uma narrativa de si, sugerindo que a vida tem uma direção, um sentido, mesmo que haja rupturas. A concepção de projetos talvez seja facilitada graças a isso. Em contextos pluriculturais, eles observam que novas narrativas remontadas lançam pontes entre diferentes universos. Todos notam que mitos, contos, lendas ou romances são outras tantas pontes lançadas entre si mesmo e os outros, e que são frequentemente uma oportunidade de partilha entre as gerações, mesmo que outras atividades se realizem entre companheiros da mesma idade. A narrativa une.

Acompanhando o desenvolvimento dessas iniciativas, as pesquisas sobre a narratividade se multiplicaram. Como eu disse anteriormente, percebemos entre os bebês uma atividade bastante precoce de representação na qual eles reproduzem com seu corpo e seus gestos as interações que acabaram de ter com sua mãe, comportamento em que os psiquiatras infantis enxergam o esboço de um tipo de narrativa.[114] A partir de seu segundo ano, as crianças saberiam a diferença entre a linguagem em situação, factual e utilitária, que serve para a nomeação imediata das coisas, e a linguagem da narrativa, que relata os eventos à distância e introduz uma outra relação com o tempo.[115] Quando têm acesso a esses dois registros, elas podem brincar com as situações e as pessoas que as rodeiam, particularmente para elaborar a separação.

Entretanto, suas predisposições à narração devem encontrar apoio para poderem se desenvolver. Para isso, é preciso não somente contar-lhes histórias — deixando que se movam e se desloquem livremente no espaço —, mas ainda

---

[114] Bernard Golse e Sylvain Missonnier (orgs.), *Récit, attachement...*, *op. cit.*, p. 12.

[115] Ver Marie Bonnafé, "Le récit, un enjeu capital", em *Les Livres, c'est bon pour les bébés*, brochura ACCES, Paris, p. 8.

que aprendam a contá-las com um adulto que sinta prazer ao fazê-lo e com o qual elas se identificarão.[116] Sem nem pensar, a mãe ou a pessoa que cuida da criança reforça sua capacidade narrativa posterior traduzindo as sensações que ela experimenta nessas historinhas: "Meu pequerrucho ouviu a Mamãe se aproximar no corredor, pensou que ela estava vindo brincar com ele, mas como ela sumiu para fazer outra coisa, ele ficou furioso e começou a berrar". Da mesma maneira, ela lhe conta histórias de sua vida cotidiana ou lê belos contos por prazer, sem se preocupar muito em fazer com que a criança capte o sentido deles. Fazendo isso, ela antecipa o processo de ligação entre o pensamento e a linguagem ainda em estado embrionário nas crianças pequenas. E por volta dos três ou quatro anos, elas começam a construir narrativas verbais relacionadas à própria vida. Elas tentam relatar suas experiências apoiando-se em histórias que tenham ouvido, livros que lhes foram lidos e que folhearam, canções, filmes. Elas lançam mão de fragmentos de seu legado cultural que, quando incorporado, passa a fazer parte delas.

Esse momento em que começamos a compor narrativas corresponderia a uma necessidade antropológica, uma etapa fundamental que os psiquiatras infantis comparam à passagem para a posição sentada, a aprender a andar ou à aquisição da linguagem.[117] Pois, para organizar nossa experiência, a narrativa seria essencial. Jerome Bruner lembra que "nossa *principal* ferramenta para dar ordem à experiência, para forjar uma espécie de continuidade entre o presente, o passado e o possível, é a história, a narração. [...] A narrativa é nosso meio especificamente humano de dar ordem aos aconteci-

---

[116] Bernard Golse e Sylvain Missonnier (orgs.), *Récit, attachement...*, *op. cit.*, p. 15.

[117] Daniel Stern, *Journal d'un bébé*, Paris, Éditions Odile Jacob, 2004, p. 170.

mentos ao longo do tempo...".[118] Da primeira infância à velhice, nossas vidas são inteiramente tecidas com narrativas que ligam elementos descontínuos entre si. Não deixamos nunca de narrar, seja àqueles que nos rodeiam, seja no segredo de nossa vida interior.

A cada instante, somos bombardeados por séries fragmentadas de imagens, como Delacroix percorrendo o Marrocos a cavalo ou Pachet observando a paisagem de um trem, mas também de perfumes, ruídos, trechos de conversas, impressões táteis e uma porção de sensações internas. Em meio a essa desordem, o espírito humano deve selecionar detalhes para reduzir a cacofonia, construir o sentido e desenhar a "quimera" que cada pessoa faz de si mesma, como diria Boris Cyrulnik:

> "Dentre os bilhões de bilhões de imagens que me rodeiam desde o nascimento, dentre os bilhões de bilhões de palavras nas quais mergulhei desde o nascimento, só retenho umas poucas imagens e palavras que constituem minha identidade. Sou afeiçoado a esse quase nada porque ele é uma narrativa de mim. Essa narrativa é uma quimera. Na quimera, tudo é verdadeiro. As asas são de águia, o corpo, de leão, e a cabeça, de touro. Tudo é verdadeiro, e mesmo assim o animal não existe. Assim, a narrativa que faço de mim mesmo é a quimera que faço de mim mesmo. [...] Essa narrativa do eu é o que oferecemos aos outros. Mas podemos modificá-la. Uma imagem pode ser trabalhada."[119]

---

[118] Jerome Bruner, *Culture et modes de pensée*, Paris, Retz, 2000, pp. 7-8.

[119] "Mère, veuillez me passer le sel", em *Pourquoi faut-il raconter des histoires?*, Paris, Autrement/MondOral, 2005, p. 37.

Durante toda a vida, temos de dar movimento a essa quimera, recompô-la, encontrar palavras que sacudam nossa narrativa para que ela permaneça viva, sutil, e não congelada em uma imagem. E a literatura é como um imenso recurso que ajuda a redesenhar infinitamente o animal feérico.

## Narrativa e crise

Muitos escritores e pesquisadores constataram que existia uma ligação entre crise e narração. Para Vladimir Propp, a narrativa representava uma tentativa de enfrentar tudo o que é inesperado ou malfadado na existência humana; e Paul Ricoeur dizia que "toda a história do sofrimento brada por vingança e exige uma narrativa".[120] O linguista Bernard Victorri chegou até a propor a hipótese de que nossos ancestrais *sapiens* teriam inventado a narração precisamente para escapar às situações de crise que ameaçavam o futuro da espécie, envolvida em contradições inéditas no reino animal.[121] Ele aponta que as explicações que tentam dar conta da extinção dos *homo* arcaicos de tipo Neandertal por causas exógenas são pouco convincentes. Ele está mais inclinado a culpar as causas endógenas, mais precisamente um fenômeno de desregulação social. Ao se tornarem mais "inteligentes", capazes de antecipar, os *homo* arcaicos teriam também se tornado capazes de comportamentos mais perigosos para a sobrevi-

---

[120] Citado por Laurent Jenny, "Récit d'expérience et figuration", *Revue Française de Psychanalyse*, nº 3, 1998, Le Narratif, p. 939.

[121] Diversos artigos de Victorri podem ser consultados online: "La place de la fonction narrative dans l'émergence du langage et la structure des langues"; "Homo narrans: le rôle de la narration dans l'émergence du langage"; "Les 'mystères' de l'émergence du langage". Também é possível assistir a uma conferência proferida na ENS de Lyon pelo site <http://cle.ens-lyon.fr/plurilangues/origine-et-evolution-du-langage-34878.kjsp>.

vência da espécie: eliminar seu irmão ou seu pai para ser chefe em seu lugar, matar e comer as crianças em um período de escassez etc., sem que um "instinto" os impedisse. Esses *homo* arcaicos teriam utilizado somente uma protolinguagem, sem muita sintaxe, que servia para nomear as coisas, eventualmente de maneira detalhada, e para categorizar seu ambiente e as atividades cotidianas, o que dizia respeito às ferramentas, ao alimento, à caça etc. O aparecimento da função narrativa teria, para Victorri, desempenhado um papel fundamental: se um indivíduo fosse capaz, por meio de sua voz, sua mímica, seu gestual, de evocar diante do grupo os atos de destruição passados, de fazer reviver um ou outro de seus agentes imitando uma de suas particularidades, a coesão do grupo seria reforçada. Contar o que se passou também era dizer o que ameaçava acontecer novamente. O aperfeiçoamento da linguagem estaria assim na origem do sucesso evolutivo de nossos ancestrais diretos em relação a seus contemporâneos.

Vamos fazer um salto de algumas dezenas de milhares de anos até a cena em que, disfarçado, Ulisses, voltando da guerra de Troia, onde vivenciou e assistiu a milhares de horrores, ouve um aedo cantar sua história. Ele acaba de errar de ilha em ilha, de pesadelo em tormento, e ali, entre os feácios, o aedo, com sua narrativa, lhe restitui a verdade e a emoção daquilo que ele viveu na guerra. Ulisses chora ao escutá-lo, depois deixa cair seu disfarce. Ele se apresenta e pode enfim contar ele próprio suas tribulações. Muitos contadores de histórias ou mediadores de leitura de hoje em dia redescobrem essa antiquíssima observação quando trabalham com pessoas que viveram uma guerra, uma catástrofe, um trauma: o que está dentro deles deve primeiro encontrar uma voz do lado de fora por caminhos estéticos indiretos, para que porções inteiras daquilo que viveram não permaneçam entranhadas nas zonas mortas de seu ser. Para que possam, enfim, testemunhá-lo.

Evoquei em outra obra esses poderes reparadores da narração nos tempos de crise (e seus limites);[122] vou dar apenas dois exemplos. Em Santiago do Chile para um colóquio, meu amigo Daniel Goldin foi surpreendido certa noite, em seu quarto de hotel, por um terrível terremoto. Ele já se via transformado em "um daqueles números impessoais de que se alimentam os jornais televisivos", contou-me. "Aqui terminará minha história. *Não serei mais em palavras, mas sim em números.*" Tendo conseguido descer e sair à rua, ele se viu na calçada com os outros participantes do colóquio, de pijama. Uns e outros agrupavam-se por país de origem, e não de acordo com suas afinidades habituais, como se procurassem um ancoradouro. E todos começam a contar, para "ser em palavras" e abrigar-se: "A terra não terminara de tremer e, escavando aqui e ali relatos e emoções, já construíamos uma moradia tão precária quanto uma narrativa. Nesses refúgios, nos protegíamos do temor", diz Daniel. Nos dias que se seguiram, vários deles escreveram para contar essa aventura.[123]

Em *The Black Sunday: 26 décembre 2004*, Jacqueline Merville, que estava no litoral da Tailândia quando este foi atingido pelo tsunami, relata sua experiência. Depois de ter visto a onda e suas devastações, a narradora e seu companheiros fugiram para o interior. Eles aprendem pela televisão a palavra "tsunami" e ouvem explicações sobre o terremoto. Ela observa:

> "Saber o nome da origem daquele terror penetra nossa fadiga. Ela se estende ainda mais, encontra um eixo. Os músculos do corpo retomam consciência, o cor-

[122] Michèle Petit, *L'Art de lire...*, *op. cit.*

[123] Ver em especial o que escreveu Juan Villoro no jornal *La Nación*: <http://www.lanacion.com.ar/1240525-el-sabor-de-la-muerte>.

po aceita um pouco seu pânico, o pânico de milhares de pessoas com as quais somos um só, não solidários, mas um só no medo, na fuga. Uma solidariedade animal, primitiva.

Esse saber, essa palavra 'tsunami' ainda nos é estranha, mas dá lugar a uma inteligência do pânico. Uma compreensão instintiva eclode, torna mais leve, vigilante. Partes do eu se remendam, reencontram uma totalidade, aquela que conhecemos nos dias ordinários."[124]

Aqui, uma palavra, "tsunami", e um esboço de narrativa científica ouvida na televisão permitem começar a conter o mais radicalmente atemorizante e disparar um processo de recomposição e de diferenciação do eu. Uma das maiores angústias humanas é provavelmente a de não ser nada além de um caos, um corpo despedaçado, fragmentos que nada unem, de perder seus limites. O sentimento de continuidade, de unidade, não nos é dado no nascimento, nós o conquistamos nos primeiros anos graças a um processo muito complexo de ligação, de associação progressiva entre diversos episódios que vivemos.[125] E em qualquer idade, as angústias de fragmentação, de caos e de separação podem ser reativadas pelos golpes que a vida traz.

Para além dos eventos dramáticos, a experiência cotidiana também demonstra que os fracassos da vida são mais inspiradores do que os tempos felizes. As férias frustradas dão lugar a mais histórias do que as viagens harmoniosas (bastante monótonas para quem escuta seu relato). Somos consolados pelo espaguete ao sugo que caiu em nosso casaco

---

[124] Jacqueline Merville, *The Black Sunday: 26 décembre 2004*, Paris, Des Femmes/Antoinette Fouque, 2005, pp. 27-8.

[125] Ver Bernard Golse e Sylvain Missonnier (orgs.), *Récit, attachement...*, *op. cit.*, p. 99.

novo, transformando o episódio em uma narrativa burlesca. E os amores impossíveis estão na origem de grande parte da literatura romanesca: muitos escritores se desprendem daquelas ou daqueles que não os quiseram, encerrando-os em suas páginas. A narrativa está ali como uma segunda chance que nos é dada.

Será que tudo isso valeria tanto para as narrações orais como para as que são escritas ou transcritas em imagens fixas ou animadas? Para certos pesquisadores, as narrativas, enquanto construções deliberadas e elaboradas de certa duração, em que acontecimentos se sucedem, seriam menos frequentes do que imaginamos nas culturas orais. Jack Goody chega até a dizer que elas seriam relativamente raras: "Não imaginamos mais muito bem até que ponto a narrativa, no sentido estrito, está ligada à forma escrita (*literate mode*). Entre os LoDagaa [um dos povos de Gana estudados por ele], as pessoas não contam histórias de sua vida cotidiana, a não ser, ocasionalmente, nos procedimentos de resolução de conflitos...".[126]

No mais, quando uma narrativa escrita é relatada em um livro, seu caráter protetor e ordenador seria possivelmente redobrado. Para Michel Melot, que lhe consagrou um belo ensaio, o objeto livro (sob a forma do códice) seria particularmente adequado a produzir um sentimento de conjunto coerente: "Somente o livro está adaptado para fixar a escrita, dar-lhe um termo e reunir os pedaços dispersos em um todo, blocado, aparelhado como um muro. Pouco importa então a coerência interna dos pedaços entre si: o fato de estarem unificados em um mesmo volume basta para criar uma coerência".[127] E ainda: "O segredo da longevidade da forma

---

[126] Jack Goody, *La Peur des représentations*, Paris, La Découverte, p. 195.

[127] Michel Melot, *Livre*, *op. cit.*, pp. 27-8.

do livro é, em suma, que a vida podia confundir-se com uma história, e que a história pode ser contida em um livro".[128]

Além do caráter repousante, ordenador e reparador das narrativas, nossa busca desenfreada por narrações e a sedução que elas exercem sobre nós talvez bebam ainda de outras fontes. Richard Flanagan, que foi criado na Tasmânia, relembra:

> "Cresci em meio a histórias. Venho de um mundo que não tinha ideologia, nem estética, nem arte, mas com histórias que não acabavam mais. As pessoas tinham uma bela expressão; quando falávamos de alguma coisa, eles diziam: vou te contar uma história sobre esse assunto, e aquela história aparentemente não tinha nada a ver com aquilo de que deveríamos ter falado, mas ainda assim era relacionado. A maneira como as pessoas contavam era circular, em constantes digressões. Não havia começo e fim, era como uma grande poesia que ficava, crescia na gente."[129]

Desde a *Odisseia*, as narrativas mais interessantes foram concebidas de acordo com uma construção complexa, cheia de desvios que constituem uma parte de seu encanto. Desde cedo, aqueles que as compunham compreenderam que a experiência humana se perdia quando contada de maneira li-

---

[128] *Ibid.*, p. 196. No prefácio desse ensaio, Régis Debray escreve: "Seria possível localizar-se no universo com um saber em pó, nós que vivemos em suspenso no indeterminado, com reticências ao final de cada dia, sem nos referirmos a uma narrativa consolidadora dotada de um início e um fim, ou seja, de uma capa e uma contracapa? Pois não temos uma necessidade orgânica, em razão de nossa própria incompletude (ou de nosso lado escancarado e babão), de membranas, de paredes, de muros? O sentido não seria um caso de recipiente?".

[129] *Libération*, 25 de novembro de 2010.

near. Eles sentiram que uma narração devia comportar atos incompreensíveis e que certas portas deviam permanecer fechadas para que o desejo fosse reavivado. E como Homero me remete à Grécia, penso outra vez nas ruas de Atenas e naquele λοιπόν que retornava como um pequeno tema musical nas palavras que eu ouvia sem compreender o sentido. Proust disse que a música é como uma possibilidade de comunicação que não se realizou porque a humanidade adotou outros caminhos, os da linguagem.[130] Na poesia, mas também, por vezes, na língua da narrativa, existe um eco longínquo dessa possibilidade. A literatura, oral ou escrita, lembra-se às vezes do aedo que cantava acompanhando-se a si mesmo com a lira. E as histórias são desvios que nos permitem simbolizar nossa própria experiência, dar sentido a ela, sabê-la compartilhada, mas também reencontrar de vez em quando, sob as palavras, as sensações de deslumbramento provocadas em nós pela descoberta dos seres e das coisas, das vacas marrons e do belo cavalo sob as laranjeiras. O sabor da vida e seu canto.

---

[130] "[...] assim como certos seres são as últimas testemunhas de uma forma de vida que a natureza abandonou, eu me perguntava se a música não seria o exemplo único daquilo que poderia ter sido — se não houvesse existido a invenção da linguagem, a formação das palavras, a análise das ideias — a comunicação das almas. Ela é como uma possibilidade que não teve desdobramentos; a humanidade enveredou por outros caminhos, os da linguagem falada e escrita", Marcel Proust, *La Prisonnière* [ed. bras.: *A prisioneira*, vol. 5 de *Em busca do tempo perdido*, São Paulo, Globo, 2011].

# 4.
# OS LIVROS, A ARTE E A VIDA DE TODOS OS DIAS

> "Finalmente, o que constitui a essência de nossa existência talvez não seja nem a família, nem a carreira, nem a ideia que temos de nós mesmos, nem a que os outros têm de nós, mas essa aptidão para sair do cercado do finito, para ultrapassar os limites da visão ordinária para que eles se abram sem fins entrevistos e linhas de fuga, para que seja restituído ao instante que passa a sua carga de vida e de mistério."
>
> Christine Jordis[131]

No *Festival America 2012*, Gary Shteyngart apresentou seu último romance, *Uma história de amor real e supertriste*,[132] que relata o amor improvável do "último leitor", um homem de quarenta anos, e de uma moça muito jovem que passa os dias fazendo compras online:

> "A história se passa numa América futurista, a ponto de desmoronar completamente. Ninguém mais lê livros, ninguém gosta de refletir. Ou seja, ela se passa na terça-feira que vem. [...] Nos Estados Unidos, as pessoas não leem mais, restam apenas dois milhões de leitores para três milhões de escritores. Cada um de nós tem, talvez, um leitor. Eu tenho um, em Boston. Precisamos que

---

[131] Christine Jordis, *Bali, Java, en rêvant*, Mônaco, Éditions du Rocher, 2001, p. 81.

[132] Gary Shteyngart, *Super Sad True Love Story*, Nova York, Random House, 2010 [ed. bras.: *Uma história de amor real e supertriste*, Rio de Janeiro, Rocco, 2011].

os franceses comprem nossos livros, pois são os últimos que ainda leem... Então, por favor, comprem meu livro para que eu possa dar de comer ao meu cachorro!"

Quando seu editor viu a palavra "amor" no título, ele agradeceu, conta Shteyngart, pois a maior parte dos leitores de ficção são mulheres e elas adoram as histórias de amor. Por outro lado, um professor de literatura decepcionou-se ao ver que a obra contava mais de trezentas páginas; ele lhe pediu para não escrever mais livros tão grossos porque era incapaz de conservar sua capacidade de atenção por tantas páginas. Assim, para viver, o escritor nova-iorquino considera aprender a consertar geladeiras e aparelhos de ar-condicionado: com o aquecimento global, esse ofício tem futuro.

Será que os cães e gatos dos escritores podem contar com os franceses para o futuro de sua tigela de ração? Em 2008, 62% dos homens e 46% das mulheres declararam ler poucos ou até mesmo nenhum livro.[133] O declínio dos "grandes" e "médios" leitores de livros impressos é observável em todos os meios sociais e teria começado antes da era digital e da concorrência das múltiplas atividades ligadas às "novas telas". Na verdade, essa diminuição foi bem mais significativa entre os homens, que, no entanto, liam mais do que as mulheres até os anos 1970, e o editor de Shteyngart tem razão: hoje em dia, as leitoras de ficção são três vezes mais numerosas que os homens (exceto no que diz respeito aos livros policiais). De maneira ampla, é graças a elas que se man-

---

133 Ver Olivier Donnat, *Les Pratiques culturelles des Français à l'ère numérique. Enquête 2008*, Paris, La Découverte/Ministério da Cultura e da Comunicação francês, 2009, p. 153. Ver também "Pratiques culturelles, 1973-2008. Dynamiques générationnelles et pesanteurs sociales", *Culture Études*, 2011-7, Ministério da Cultura e da Comunicação francês: <http://www.culturecommunication.gouv.fr/Politiques-ministerielles/Etudes-et-statistiques/Les-publications/Culture-etudes/Pratiques-culturelles-1973-2008-CE-2011-7>.

têm as práticas culturais "eruditas", pois seu interesse é bem maior que o dos homens; graças a elas, também, subsistem as orientações literárias nas formações, largamente desertadas pelas gerações mais jovens (bem como diversas orientações científicas, para dizer a verdade). Tal como as separações entre os sexos, as diferenças sociais e territoriais tenderiam a se exacerbar.

Para não acabar com as esperanças daquelas e daqueles que poderiam se sentir uma espécie em via de extinção, queremos esclarecer que, antigamente, era comum que as pessoas superestimassem suas leituras diante de um pesquisador, ao passo que hoje a tendência é subestimá-las. Lembremos também que outros atos de leitura e de escrita se desenvolvem bastante com o uso das novas telas, e notemos que o nível de investimento das gerações jovens (de 10 a 24 anos) nas práticas culturais tradicionais está correlacionado a seu investimento nas práticas digitais.[134] Esses jovens, aliás, conhecem mais equipamentos culturais que seus predecessores na mesma idade, e estão entre os mais adeptos de práticas artísticas amadoras. Como escreve Sylvie Octobre: "Assim como a diminuição das afiliações partidárias não significa o fim do sentimento político, as mutações contemporâneas observáveis nas relações dos jovens com a cultura não devem automaticamente fazer temer a morte da transmissão cultural".[135]

## Quando as expressões artísticas se apoderam do cotidiano

Assim, não devemos recair na nostalgia ou no sentimentalismo. E mesmo que naufragássemos como um navio de

---

[134] Sylvie Octobre, "Pratiques culturelles chez les jeunes et institutions...", *op. cit.*

[135] *Ibid.*, p. 8.

cruzeiro italiano, como imagina Shteyngart, é preciso notar que, aqui e acolá, a orquestra continua a tocar: de maneira muito viva, as pessoas inventam formas de sociabilidade em torno da literatura e das obras de arte, ou às vezes das ciências, pois estão convencidas de que se trata de dimensões humanas essenciais. Além dos contextos críticos que estudei anteriormente,[136] é na vida cotidiana de homens e mulheres muito menos expostos à adversidade que essas iniciativas se multiplicam.

Em Calcutá, por exemplo, na saída do trabalho, centenas de milhares de empregados de escritório, professores e comerciantes se encontram para ler e escrever poesia. As revistas se contam aos milhares (é o renascimento do *Little Magazine Movement*). "É um estilo de vida, uma ética da tolerância e da responsabilidade na qual devemos estar completamente envolvidos", diz uma jovem que lançou uma dessas revistas. Um mesmo movimento seria observável em Moscou, onde se disseminam as leituras de poemas e os concertos em cafés-restaurantes-livrarias como os que acontecem na rede Ogui, muito frequentada por jovens, ou ainda em casas e porões. "As pessoas que vêm aqui estão cansadas dos programas vulgares da televisão, dos filmes *blockbusters* ou das noites embrutecedoras em casas noturnas. Eles querem desentorpecer o espírito de outra maneira", conta Iouri Tsvetkov.[137]

A milhares de quilômetros de lá, na Itália, em Arezzo, Veneza, Florença ou Nápoles, homens e mulheres também se reúnem quando têm um tempinho. Eles diferem uns dos ou-

---

[136] Ver *L'Art de lire...*, *op. cit.*

[137] Ver Marie Jégo, "Culture en sous-sol", *Le Monde*, 16 de outubro de 2009. Sobre o Proekt Ogui: <http://www.icatfm.cat/picatfm/accessible/item.jsp?item=wcc_noticia&idint=17113> (em catalão). Ver também: <http://www.lecourrierderussie.com/2012/07/26/societe-tu-mauras-pas/#.UIU98a7j5q8>.

tros por seu meio social, país de nascimento, geração (muitos têm menos de trinta e cinco anos, outros, mais de sessenta) e visual. Eles vestem camisetas com a inscrição: "Sou anticonformista, eu leio". E saem. Nas ruas de Arezzo, vi assim cinco jovens toscanos, um casal do Sri Lanka com seus filhos, uma peruana e um egípcio desembarcarem de improviso nos comércios e cafés para ler, em várias vozes, poemas ou uma novela de Giono, *O homem que plantava árvores*: a história de um pastor que durante toda a vida, discretamente e longe dos olhares, plantou carvalhos, bétulas e bordos.

O homem que impulsionou esses grupos de "LaAV" (*lettura ad alta voce*), Federico Batini, é um universitário que deseja fazer da leitura "algo louco, divertido, estranho, bem distante da academia", segundo me contou:

> "Se você vai ao cinema e ao seu lado uma pessoa comenta cada cena, você a manda calar a boca. [...] Eu nunca apresentei os livros como um dever, mas como minha paixão, como uma coisa que mudou minha vida, que serviu para conhecer garotas. Consegui fazer com que muita gente lesse porque nunca procurei fazer isso, mas porque contei minha experiência com os livros, com as histórias. Eles entenderam que podiam encontrar nos livros tudo o que encontravam na televisão e muito mais, com estruturas narrativas bem mais complexas. E os vemos pouco a pouco questionar suas certezas anteriores, começar a compreender as emoções e o ponto de vista dos outros, e tomar as rédeas de suas próprias vidas."

Eu poderia dar uma infinidade de exemplos de transmissores que, cada um com sua reflexão singular e sua criatividade própria, fazem da leitura uma arte profundamente viva.[138]

---

[138] Sobre a multiplicação das formas de leitura em voz alta na França, ver Martine Burgos, "La lecture à voix haute: un rituel de partage",

Outros inventam a partir de uma prática artística, como os jovens cantores líricos espanhóis que entoam árias em feiras ou cafés, também de surpresa.[139] Ao ouvi-los, as pessoas que estavam fazendo suas compras ou ocupando suas mesas se espantam, seus rostos se animam, se emocionam, se encantam. Elas se aproximam umas das outras, algumas pousam o cesto e começam a dançar ao som de *La Traviata*. Ao final, sopranos e barítonos exibem cartazes em que se lê: "Está vendo só? Você gosta de ópera"...

Depois de assistir a um filme feito em um café de Pamplona em que os vemos cantar, uma bibliotecária colombiana escreveu-me: "Eu gostaria que isso acontecesse na minha cidade, em qualquer lugar e a qualquer hora: *que as expressões artísticas se apoderassem do cotidiano*". Vamos esclarecer: essa mulher, Consuelo Marín, não tem nada de uma burguesa boêmia envolta em uma nostalgia romântica. Já a evoquei anteriormente: na periferia de Medellín, quando os combates opunham guerrilheiros e paramilitares, ela e seus colegas mantinham aberta uma pequena biblioteca e iam ler histórias para as crianças expulsas de suas casas.

Quer trabalhem em contextos extremos ou em locais bem mais protegidos, todos esses mediadores suscitam sociabilidades com suas intervenções e facilitam a apropriação da cultura escrita ou a familiarização com a cultura "erudita", por vezes (como no caso dos jovens cantores líricos) até mesmo nos meios inicialmente afastados dela. Entretanto, a

---

em Christophe Evans (org.), *Lectures et lecteurs à l'heure d'Internet*, *op. cit.*, pp. 181-92.

[139] Coro Premier Ensemble de l'AGAO (Associação Gayarre de Amigos da Ópera de Navarra), Dia Europeu da Ópera em Pamplona: <http://www.youtube.com/watch?v=NLjuGPBusxs>. Ver também um flashmob na feira de Valença: <http://www.youtube.com/watch?v=u1yEHmwQZ5k&feature=related>. A experiência foi repetida em vários países, especialmente em diversas cidades da Argentina, na Itália, em São Francisco...

maior parte deles se recusa a instrumentalizar os livros e as obras de arte. Não é unicamente para fins de eventuais consequências "úteis" no campo escolar, profissional ou social que eles os privilegiam e os difundem.

### Um outro espaço, tão essencial quanto inútil...

Para começar, é claro, fazem isso para compartilhar algo que lhes é precioso. Muitas pessoas são espontaneamente proselitistas e desejam transmitir seus interesses, seus gostos e suas paixões, particularmente no domínio estético, pois, como dizia Bartolomeu Campos de Queirós, "A beleza é tudo aquilo que você não dá conta de ver sozinho, ela só é completa quando compartilhada". Todavia, esses transmissores de literatura, de arte e às vezes de ciências, talvez busquem, antes de tudo, compor um outro espaço onde possam entrar em sintonia com o mundo. Eles se empenham em construir um pouco de sentido e de beleza, uma inteligência, uma ética, em suscitar outros encontros, outras conversas, em dar lugar ao inesperado, coisas essas que tocam em uma parte fundamental da vida.

Para representar essa parte, vou buscar uma narrativa escrita por uma psicanalista argentina, Silvia Bleichmar, intitulada *La flor de Acapulco*. Ali, ela conta seu desembarque no México, onde tivera de exilar-se com marido, filhos e cachorro no tempo da ditadura militar:

> "Párias absolutos, perdidos no espaço, chegamos para nos instalar em um apartamento provisório e, depois de ter passado em revista a geladeira repleta de sucos de frutas e porcarias graças às quais pretendíamos acalmar o desespero das crianças, comecei a esvaziar as malas. [...]

Dentre os casacos e calças, saias e jaquetas, blusas e meias-calças, uma flor de organza azul-celeste, estranho objeto insuspeitado, surgiu de repente do bolso da mala. Carlos rompeu o silêncio e perguntou, em tom contido, o que era aquela coisa inesperada no meio das saias ou casacos cinza, azul-marinho, marrons, brancos ou xadrezes, cujo classicismo permitiria enfrentar o desenraizamento cultural. Com absoluta inocência e um rosto falsamente radiante, respondi: 'É que se um dia nós formos a Acapulco, eu queria ter algo bonito para usar'. Fora de si, ele me disse que ainda não tínhamos nem visto, nem trabalho, nem meios de subsistência, e me perguntou como uma coisa tão absurda podia ter me passado pela cabeça. [...] Acabamos nos braços um do outro, às lágrimas, ele por não poder me dar mais do que a vida nos oferecia, eu pela dor que a rosa de organza tentara esconder, tingindo de otimismo e de prazer um futuro que só se apresentava como uma perda. Um ano mais tarde, pude usar minha flor e Carlos vestiu o terno branco de verão que havíamos trazido de Buenos Aires. Por uma noite, o exílio se converteu em um filme dos anos cinquenta no qual Negrete e María Félix, exilados e psicanalistas, bebiam suas *margaritas* à luz de velas e ao som dos *mariachis*, na orla de um mar que não refletia o Cruzeiro do Sul.

Já adultos, meus filhos continuam a chamar de 'flor de Acapulco' qualquer projeto que, por mais que pareça irrealizável, permita manter o otimismo diante da adversidade."[140]

---

[140] Texto original publicado em *Escritoras argentinas entre límites*, Buenos Aires, Ediciones Instituto Movilizador de Fondos Cooperativos C. L., 2007, Colección Desde la Gente: <http://www.bsos.umd.edu/gvpt/calvo/la_flor_de_acapulco.htm>.

Eis uma família que se encontrava completamente dessintonizada, apartada de seu entorno. Para suportar o exílio e subjugar a estranheza radical da megalópole em que eram obrigados a viver, para se pensar e projetar-se ali, Silvia Bleichmar teve de passar por essa pequena ficção construída a partir de lembranças de infância da era dourada do cinema mexicano.

Eu ficaria tentada a enxergar na flor de Acapulco, esse objeto belo, surpreendente e frágil, não somente a parcela de sonho que permite enfrentar a adversidade, mas ainda, além disso, uma dimensão tão essencial quanto inútil que viria somar-se à vida de cada dia para que o mundo se tornasse de fato habitável. Ora, se as artes e a literatura não são as únicas passarelas que nos permitem ter acesso a isso, elas constituem caminhos privilegiados para chegar lá. A literatura, oral ou escrita, a arte sob suas múltiplas formas (inclusive o artesanato ou a arte de conceber um jardim), por vezes a ciência, são maravilhosos intercessores entre o mundo e nós, entre paisagens exteriores e interiores, mas também entre pais e filhos e entre amantes, como esse homem e essa mulher que incorporam Negrete e María Félix ao som dos *mariachis*.

Quando comecei a trabalhar com a leitura escutando os habitantes dos campos e dos bairros populares, logo notei que essa prática assumia, ali, um aspecto claro e outro mais secreto. À luz do dia, eles liam para aprender, e o livro era o depositário do saber. Alguns liam até mesmo dicionários e enciclopédias, metodicamente. Essa leitura, que participava da instrução, podia concordar com a ética que valorizava a "utilidade", ao menos em aparência. Todavia, ao cair a noite, chegava o momento de uma outra leitura discreta e transgressora, o que constituía todo o seu encanto. Dessa leitura, que alguns diziam se tratar da "verdadeira", outros hesitavam em falar por ser demasiado íntima. Nela, não mais dicionários nem utilidade. Eles liam romances, sagas, poemas, biografias, histórias policiais ou contos de aventuras para abandonar o enfrentamento do real, fugir discretamente. "Era o extremo oposto de tudo o que me rodeava", como disse uma mulher a respeito de uma ilustração vista em um livro quando ela era criança.

Mesmo nos meios sociais em que o "útil" estava tão entranhado, o cotidiano tinha suas praias afastadas nas quais boiar, respirar.[141] Michel de Certeau já o observara: "Ler é estar em outro lugar, lá onde *eles* não estão, em um outro mundo; é constituir um palco secreto, lugar onde entramos e de onde saímos à vontade; é criar cantos de sombra e de noite em uma existência submissa à transparência tecnocrática...".[142] Em sua opinião, haveria aí uma "experiência inicial, quase iniciática" que valia tanto para os leitores de meios populares quanto para os letrados.

Esse "inverso absoluto" que os leitores buscam atingir, noite após noite, é frequentemente associado a um outro lugar radical, sobretudo quando as lembranças se situam na infância: a floresta, a ilha tropical ou outras galáxias, quando vivem em um país do Norte; e, se vivem no Sul, a neve, a clareira de um frio bosque europeu ou um castelo fortificado...[143] Como vimos mais acima, a partir desse outro lugar, esboça-se uma "cabana", um "quarto próprio", até mesmo lá onde não parecia existir nenhuma possibilidade de se dispor de um espaço pessoal. As metáforas utilizadas remetem ao abrigo, à hospitalidade, à casa ou à terra reencontrada

---

141 De forma modificada, retomo aqui alguns temas evocados em "Les territoires invisibles et vitaux de la lecture", em Martine Berger e Frédéric Pousin (orgs.), *Espaces du quotidien*, Paris, Strates, 2008, pp. 213-24: <http://strates.revues.org/6734>.

142 Michel de Certeau, "Lire: un braconnage", em *L'Invention du quotidien — 1. Arts de faire*, Paris, 10/18, 1980, p. 291 [ed. bras.: *A invenção do cotidiano — 1. Artes de fazer*, São Paulo, Vozes, 2000].

143 O gosto dos turistas estrangeiros pela visita de castelos provavelmente se deve muito a suas leituras de infância...

para quem viveu um exílio ou foi expulso de sua casa, como Jeanette Winterson:

> "Para mim, os livros são um abrigo. Os livros não fazem um abrigo — eles o são, no sentido em que, assim que você os abre, como faria com uma porta, acaba por entrar neles. Lá dentro, você descobre um tempo e um espaço diferentes.
>
> Eles também emitem calor, como uma lareira. Eu me sento com um livro e não tenho mais frio. Sei disso desde as noites geladas que passei ao ar livre."[144]

O que também se encontra nesses "cantos de sombra e de noite" da leitura é um tempo diferente, como ela nota, um ritmo mais próximo do sensorial, uma lentidão propícia ao devaneio, uma impressão de vacância, mais uma vez em ruptura com as outras atividades cotidianas. E uma outra língua, diferente da utilizada para a nomeação imediata e utilitária das coisas, que comporta uma dimensão ficcional. Ora, hoje nós sabemos que, desde a mais tenra infância, os humanos têm necessidade dessa outra língua. Todos os grandes psiquiatras infantis falaram da importância desses momentos em que, dia após dia, a mãe (ou a pessoa que se dedica aos cuidados maternos) entrega-se com seu bebê a um uso lúdico, gratuito, ficcional e poético da língua. Para se pensar pouco a pouco como um pequeno sujeito distinto de sua mãe e para começar a formular sua própria história, a criança pequena deve ter acesso a "uma linguagem que não se reduza ao nome das coisas, e a uma relação verdadeira mediada pelo faz de conta e por ficções".[145]

---

[144] Jeanette Winterson, *Pourquoi être heureux quand on peut être normal?*, Paris, Éditions de l'Olivier, 2012, p. 79.

[145] François Flahault e Nathalie Heinich, "La fiction, dehors-dedans", *L'Homme*, nº 175-176, 2005, p. 10.

De resto, em toda cultura existem canções de ninar, cantigas e mitos, lendas ou contos: uma literatura. Graças às primeiras, a prosódia da língua se transmite, ela entra em ressonância com o corpo, as palavras cantam, têm uma presença carnal mesmo que seu sentido permaneça misterioso.[146] Em seguida, pelo viés dos mitos ou das lendas, as crianças vão simbolizar suas emoções, dar forma a suas paisagens interiores, construir sentidos. Didier Anzieu acreditava que, com o sonho, recriávamos a cada noite o envoltório psíquico vital que os pequenos traumas do dia haviam esgarçado. As histórias fictícias também remendam os rasgos feitos em nosso cotidiano, e aparam aquilo que nele é estranho e inquietante. A ordenação sequencial e a elaboração estética que são intrínsecas a essas narrações têm a propriedade de acalmar: não estamos mais na desordem, os eventos ganham sentido em uma história colocada em perspectiva. Pela ordem secreta que dela emana, o caos do mundo, interior ou exterior, pode ganhar forma.

### ... ONDE SE OPERA O VERDADEIRO TRABALHO

Sob a perspectiva do cotidiano, a leitura é, portanto, paradoxal. Para aquelas e aqueles que a praticam, ela se realiza frequentemente em tempos dissimulados, mas retorna como um ritual. Em ruptura com as outras atividades, todavia, ela permite reencontrar uma continuidade quando esta falta, experimentar simultaneamente um vínculo com os outros e o sentimento de sua individualidade. Ela é um meio privilegiado para escapar da reclusão, das obrigações, do(s) próxi-

---

[146] "A cantiga é um ritmo e o ritmo é a vida", escreve Marie-Claire Bruley. As cantigas também são pontos de referência que colocam as coisas "bem em seu lugar". Ver Marie-Claire Bruley e Marie-France Painset, *Au bonheur des comptines*, Paris, Didier-Jeunesse, 2007, p. 23.

mo(s); é, no entanto, uma das práticas graças às quais o cotidiano mostra-se suportável, um pouco como levar uma flor de organza a um exílio forçado ou relembrar uma excursão, como a cabeleireira que sonhava com o castelo em que Madame de Sévigné estivera hospedada.[147]

Os leitores encontram, de fato, uma experiência originária decisiva, descrita por Winnicott com a ajuda do conceito de "espaço transicional",[148] que esclarece em parte o estatuto paradoxal dessas atividades à margem do cotidiano. O espaço transicional designa uma área de lazer constituída nos momentos em que a criança se apropria de algo que sua mãe lhe propõe, uma cantiga, um objeto, uma música. Graças às sílabas ou à melodia incorporadas que a protegem, a criança poderá se lançar. Ela se afasta um pouco do adulto — pois a área de transição constrói-se também com o corpo que se desloca, com uma exploração de um mundo físico progressivamente ampliado. A música ou a cantiga lhe garantem uma continuidade e permitem superar a angústia da separação. Com essas idas e vindas, a criança elabora pouco a pouco sua capacidade de estar só, esboça seus contornos. Ela constrói o espaço do secreto, de um pensamento independente, de uma aptidão a se relacionar com os outros. Nessa área em que a separação ocorreu, abre-se todo o campo da simbolização, do brincar e também da arte e da cultura: segundo Winnicott, as experiências culturais são uma extensão desses primeiros esboços de vida criativa e de emancipação.

Esse espaço estético, calmo e protetor onde é possível se recarregar, restabelecer laços com o mundo interior e com o mundo exterior, recuperar sua faculdade de simbolizar, pensar e criar, seria encontrado nos "cantos de sombra e de noi-

---

[147] Ver *supra*, pp. 51-2.

[148] Ver Donald W. Winnicott, *Jeu et réalité*, Paris, Gallimard, 1975 [ed. bras.: *O brincar e a realidade*, Rio de Janeiro, Imago, 1975].

te" com os quais sonhamos nos livros e, particularmente, nas obras de ficção. Mas as experiências culturais, evidentemente, vão além da literatura ou da arte consagrada. Segundo Winnicott, "uma criação é um quadro, uma casa, um jardim, uma roupa, um penteado, uma sinfonia, uma escultura e até mesmo um prato preparado em casa".[149] Universal, inerente ao fato de viver, a criatividade é para ele o que permite abordar a realidade exterior: é somente ao "criá-la" e domá-la que podemos nos aproximar dela. Ele acreditava que era no espaço de transição que se operava o verdadeiro trabalho e que aquilo que fazemos de sério, com inventividade, tinha origem no brincar e na cultura. Essa criatividade não surgiu do nada. Ela supõe que haja objetos e recursos à disposição das crianças (e da criança que continua a viver em cada um de nós, por toda a vida).

Claro, a inventividade dos humanos, sua sede de brincar, de simbolização, de beleza, sua necessidade de flores de Acapulco são tais que eles fazem seu mel com o que conseguem encontrar — um pedaço de pau ou um quarteto de Beethoven, para falar, mais uma vez, como Winnicott.[150] Para não enlouquecer, Óscar Tulio Lizcano, sequestrado na selva colombiana pelos guerrilheiros das FARC, um dia acabou pegando justamente três pedaços de pau e os fincou na terra. Ele decidiu que aqueles seriam os alunos a quem ensinaria tudo o que sabia, de economia a literatura. Um comandante guerrilheiro que o viu fazer isso emprestou-lhe alguns livros de Homero, Yourcenar, Mandela e compilações de poesias de Miguel Hernández ou Benedetti. Óscar Tulio Lizcano sobreviveu oito anos lendo e escrevendo poemas de amor a sua mulher Marta. "A poesia me alimentou", conta esse homem

---

[149] Citado em "Winnicott", *L'Arc*, nº 69, Paris, 1977, p. 61.

[150] "Na área espaço-tempo entre a criança e a mãe, a criança (e o adulto) vive de maneira criativa, utilizando os materiais disponíveis, seja um pedaço de pau ou um quarteto de Beethoven." *Ibid.*, p. 25.

que perdeu vinte quilos no cativeiro e cujas refeições eram enriquecidas por um naco de macaco ou de tamanduá.[151] Entretanto, ele dispunha não só de três pedaços de pau, mas também de seus conhecimentos, daqueles poucos livros que reavivavam sua capacidade de pensar e de escrever poemas... e do amor de sua mulher, que lhe permitiram preservar todo um outro espaço além daquele no qual ele estava recluso e exposto a mil perigos.

Dia após dia, a criatividade, o pensamento, o bem-estar talvez pressuponham também a descoberta de aberturas que levem a um distanciamento temporal ou geográfico. Ora, se nos entregamos ao ato de ler sem muitas restrições, o que encontramos é precisamente uma oscilação entre o próximo e o longínquo, que é própria da leitura. Ler tem a ver com a liberdade de ir e vir, com a possibilidade de entrar nesse outro espaço, nessa outra cena, e sair de lá à vontade. Como o herói de *À bout d'enfance* [No fim da infância], livro em que Patrick Chamoiseau transpôs sua experiência de menino antilhano:

> "Cada imagem de um livro era um mundo tocado pelo infinito, cada imagem lhe abria ainda mais o infinito por não ter nenhuma relação com o que o rodeava [...]. O negrinho saía voando pelas janelas abertas, voltava a seus sofrimentos, depois partia novamente, até condenar as pessoas daquelas ilustrações a viver seus próprios sentimentos... Ele as animava com suas vontades. Preenchia-as com seu mal-estar..."[152]

---

[151] Óscar Tulio Lizcano contou seus anos de cativeiro em *Años en silencio*, Bogotá, Planeta, 2009. Descobri sua história em um artigo de Juan Villoro, "Leer para vivir": <http://www.clubcultura.com/clubliteratura/clubescritores/villoro/libro_y_otros/leer01.html>.

[152] Patrick Chamoiseau, *À bout d'enfance*, Paris, Gallimard-Haute Enfance, 2005, pp. 32-3.

Os próprios gestos da leitura são propícios a essas idas e vindas, mas estas parecem facilitadas quando imagens e palavras não têm "nenhuma relação com o que nos rodeia", como observa Chamoiseau. E isso vale em qualquer meio sociocultural. Pode parecer algo espantoso, já que certos mediadores tentam restringir seus "públicos" a textos nos quais eles supostamente se encaixam. Para citar novamente Jeanette Winterson, que fala por experiência própria:

> "Ler o que é pertinente aos fatos de sua existência tem um interesse limitado. Afinal de contas, os fatos são apenas fatos, e o lado desejante e apaixonado de seu ser não se encontrará neles. É por essa razão que ler a si mesmo como uma ficção é tão libertador quanto encarar-se como um fato. Quanto mais ampliamos nossas leituras, mais nos liberamos. [...] Eu lia além das fronteiras de minha história e de minha geografia, além das histórias de órfãos..."[153]

Como ela diz, para que o lado desejante e apaixonado de nosso ser se encontre, precisamos de algo para além de nossa história e de nossa geografia ali, como ela diz. Necessidade de um além que nada tem de místico — mas é também disso que tratam as religiões constituídas, essa busca pelo Outro, por um alargamento radical do fundo sobre o qual se desdobra a vida. Quando lemos, "nos encontramos poderosamente atraídos para possibilidades de ser e promessas de existência", escreve Marielle Macé.[154] Um plano de fundo se desenha, portas e janelas se abrem no prosaico dos dias, despertando o desejo e modificando o olhar lançado sobre o que nos cerca. Como para Martha que, observando os picos re-

---

[153] *Pourquoi être heureux...*, *op. cit.*, p. 142.

[154] *Façons de lire, manières d'être*, Paris, Gallimard, 2011, p. 9.

cortados dos Andes argentinos, imagina ali "as fortalezas medievais europeias", das quais ela "se apoderou nos livros".

### Dar profundidade a lugares familiares

Michel de Certeau dizia que as narrativas "acrescentam à cidade visível as 'cidades invisíveis'" e a afetam "com uma profundidade desconhecida". É um fato de experiência comum, sobre o qual tenho um exemplo pessoal: eu passeava em Beja, a uns cem quilômetros de Lisboa. Ao longo do caminho, deparei-me com um monastério. Sou informada de que foi ali que viveu Mariana Alcoforado, a religiosa portuguesa apaixonada por um oficial francês a quem teria escrito cartas ardentes.[155] Esse lugar torna-se misterioso e desejável. Ele me conta uma história; melhor ainda, uma história de amor. Ei-lo então habitado, e visitei-o acompanhada pela sombra dos amantes (só habitamos os lugares assombrados, dizia Certeau). Pego emprestado outro exemplo de Cristina Deberti, psicanalista de Montevidéu que constituiu grupos de leitura com adolescentes toxicômanos. De tempos em tempos, ela lê para eles páginas de um livro de "memória anedótica" da cidade. Eles descobrem assim que tal praça do centro abrigava uma fazenda onde eram criados vacas e carneiros, ou que prisioneiros eram fuzilados no local em que hoje há uma barraquinha de doces. Eles se espantam ao tomar consciência de que *antes* existia outra coisa (assim como os adolescentes que visitam o Musée d'Orsay com Mona Thomas ficam muito surpresos em descobrir que antes aconteciam regatas em Argenteuil).[156]

---

[155] A autora se refere aqui ao livro *Cartas portuguesas*, publicado em francês em 1669, com o título de *Lettres portugaises*, e cuja autoria é ainda hoje motivo de controvérsia. (N. da T.)

[156] Ver *supra*, p. 31.

Certeau dizia ainda, a propósito das narrativas: "elas são as chaves da cidade: dão acesso àquilo que ela é, mítica". E ainda: "Mais que sua transparência utilitária e tecnocrática, é a opaca ambivalência de suas estranhezas que torna a cidade habitável".[157] São as leituras, imagens e gestos artísticos "inúteis" que emprestam aos lugares cotidianos sua face invisível, dotam-nos de uma profundidade e os tornam mais habitáveis. Evoquei Julien Gracq no início deste livro, e talvez estejamos próximos da busca pelo deslumbramento de Breton e dos surrealistas. Para eles, a questão não era desviar-se do real, mas identificar as passagens entre o real e o imaginário cujas chaves eram guardadas em certos lugares, certos objetos, ou por certos seres. Isso exigia uma disponibilidade, uma observação, a fim de se manter aberto aos encontros que ocupavam um lugar tão grande em sua arte de viver. Embora efêmeros, eles restauravam o sentido e a vitalidade, quer fossem oferecidos nas ruas ou em livros.

À sua maneira, muitos transmissores de obras literárias ou artísticas e muitos leitores parecem estar engajados em uma busca semelhante. Eles procuram pontos de passagem para uma outra dimensão que altera o olhar sobre o real, algo de extraordinário em uma vida ordinária, um encontro que abra possibilidades, uma respiração, um ângulo de visão diferente. Dia após dia, eles tentam organizar ou preservar entradas e saídas entre essa outra dimensão e a imersão nas atividades rotineiras.

Como fazem Aurora e Angelina Delgado: em Sevilha, na Andaluzia, sua pequena empresa cultural propõe caminhadas literárias. Elas não tinham vontade de organizar aquelas inevitáveis visitas de locais associados a García Lorca ou a Cervantes e também não desejavam que um escritor conduzisse o jogo, usurpando a palavra. O que lhes interes-

---

[157] Michel de Certeau, "Les revenants de la ville", *Traverses*, nº 40, 1987, pp. 84 e 76.

sava era o processo pelo qual cada pessoa podia "amarrar sua geografia mais próxima e a literatura", como diz Angelina, para que um "espaço físico que estamos habituados a ver e que passa despercebido, adquira relevo, tome um outro sentido graças a um poema, a uma narrativa". Era viver de outra maneira a cidade, as ruas, o rio, "com os olhos que a literatura nos empresta".

Uma vez constituído, um grupo delimita um conjunto: um bairro, um parque, uma praia, um jardim, o pátio de um colégio. Os participantes escolhem o tema do passeio que farão: a lembrança, o amor, a infância, os sonhos, o rio da vida... Daí eles vagueiam em duplas pelo perímetro definido e nele escolhem um local. Não necessariamente um local "forte", como um monumento ou uma praça; pode ser um cantinho, uma palmeira, uma inscrição, um detalhe, como um pão em uma cesta de compras pendurada na maçaneta de uma porta. Em seguida, eles vão à biblioteca procurar leituras relacionadas àquilo que escolheram: um poema, um romance, uma peça de teatro, mas também uma página de um livro de botânica ou de história ou um artigo de jornal que tenha um efeito poético. Se alguém desejar, também pode escrever seu próprio texto. Chegado o dia, eles apresentarão o local escolhido aos outros e lerão os trechos selecionados durante um passeio que comportará, assim, diversas etapas. Aurora explica:

> "Tais são os efeitos de nossas paisagens cotidianas, desses locais de todo dia pelos quais passamos mais de mil vezes e dos quais, curiosamente, jamais nos lembramos de maneira detalhada se fecharmos os olhos. Eles permanecem na memória com a modéstia do amigo que sempre esteve ali.
>
> Com as caminhadas literárias, queremos redescobrir essas paisagens com a ajuda das palavras e adquirir o olhar do viajante..."

Um curioso mecanismo torna menos visíveis os locais ou objetos com que convivemos, mas encontros com textos, imagens, ou ainda a prática de uma atividade artística como a fotografia ou o desenho, aguçam por vezes a capacidade de admiração, permitindo olhar o que estava ali e que não se via, ou que não se via mais, reencontrar a estranheza em um universo rotineiro. O Ministério da Cultura do México (Conaculta) certa época concebeu até mesmo uma coleção para incitar a olhar com novos olhos aquilo que havíamos deixado de contemplar porque estava sempre à disposição. Ela se intitulava *Un día, de tanto verte, te ví*: "A cada passo, encontramos pessoas, espaços e objetos que acreditamos conhecer e que, todavia, são profundamente enigmáticos. Um belo dia, as coisas mais cotidianas apresentam-se sob outra luz. O mais próximo torna-se, então, insólito. O que mudou? Aquilo que vemos? Ou nós mesmos?".

Além dos locais demasiado familiares, temos tendência a estar mergulhados em nosso rumor íntimo, a não prestar mais atenção àquilo que está ali, diante de nós. Ora, olhar com novos olhos é exatamente o que incitam, às vezes, a leitura e a contemplação de obras de arte. Para Olivier Rolin, "nós escrevemos (e também lemos) para desenvolver o instrumento de nosso pensamento e de nossa sensibilidade", para "refrescar a língua", o que ajudará a refletir e ver melhor uma paisagem, um quadro, um rosto. À língua das mídias e da política, "enorme cobertor que sufoca ou, em todo caso, ameaça sufocar toda expressão original", ele opõe uma "língua vasta, complexa, nuançada, ao mesmo tempo popular e erudita, capaz de expressar todos os aspectos do pensamento, dos sentimentos, das sensações".[158]

Os escritores e os artistas abrem os olhos e apuram os ouvidos. Eles se apoderam de alguns objetos e, a partir deles,

[158] Olivier Rolin, "À quoi servent les livres?", conferência citada.

contam mil histórias burilando as palavras. "O objetivo de meus romances é dirigir-me ao leitor e lhe dizer: 'Olhe e preste atenção'", observa Richard Ford em uma entrevista.[159] Para ele, um romance é "uma maneira de se inclinar sobre a doçura misteriosa da vida".

Segundo Coleridge, o poeta inglês Wordsworth já aspirava a isso: "Revestir com o encanto da novidade os objetos mais cotidianos, suscitar um sentimento análogo ao do sobrenatural, ao despertar o espírito do entorpecimento em que o mergulha a rotina, dirigi-lo para os esplendores que oferece a nossos olhos o universo".[160] Ou Proust: "O supremo esforço do escritor, como o do artista, não resulta em mais do que erguer parcialmente para nós o véu da feiura e da insignificância que nos deixa indiferentes diante do universo. Ele nos diz então [...] 'Olha! Aprende a ver!'. E nesse momento ele desaparece".[161]

É também por isso que homens e mulheres continuam a brincar no mundo inteiro, mesmo que o barco da leitura esteja se enchendo d'água: para que os objetos familiares reencontrem suas cores, sua sensualidade, sua poesia; para que o cotidiano não seja reduzido ao banal, ao rotineiro, aos poucos espaços em que se desenrolam nossas atividades ordinárias. Estes talvez fossem inabitáveis, sem relevo, se não estivessem abertos a uma outra dimensão, se não dispuséssemos de pontos de passagem para outro lugar, outro tempo, outros registros da língua.

Apresentar a alguém livros de literatura e obras de arte é dar vida ao espaço concreto, dar-lhe um sentido. É introduzir a um outro mundo que abre radicalmente esse espaço

---

[159] *Le Monde*, 29 de agosto de 2008.

[160] Citado por Orhan Pamuk, em *Le Romancier naïf et le romancier sentimental*, *op. cit.*, p. 152.

[161] *Sur la lecture*, *op. cit.*, p. 34.

material, de uma maneira vital para quem se sente fora do jogo, fora do lugar. Entre lugares materiais e ficcionais, as trocas serão incessantes. Territórios familiares servirão de cenário e estrutura às páginas lidas. Espaços literários ou cinematográficos se atrelarão a um ponto do real e este será transformado. Ao menos é desejável que assim seja para que, ao percorrer as ruas ou as praças, as margens do rio ou os jardins, abram-se lembranças, devaneios, todo um "interior".[162] Para que o olhar lançado sobre o que nos rodeia seja vivo.

[162] No original, *arrière-pays*, que significa região afastada da costa, interior, hinterlândia. Também é uma referência ao livro do poeta francês Yves Bonnefoy, *L'Arrière-pays*, Paris, Skira, 1972. (N. da T.)

# 5. CELEBRAÇÃO DO IMAGINÁRIO

> "Se cada homem não pudesse viver uma série de outras vidas além da sua, ele não poderia viver a sua."
>
> Paul Valéry[163]

> "Sempre tive consciência de um outro espaço no qual evoluíam os objetos de meu devaneio. Eu procurava algo diferente do espaço real."
>
> Henri Matisse[164]

Aquilo que constituímos ao ler parece muito próximo do que elaboramos durante nossas viagens: uma reserva selvagem e poética que poderemos revisitar, às vezes muito tempo depois, mesmo que tenhamos esquecido a maior parte do que lemos ou percorremos. Essa reserva selvagem e poética é mais ou menos aquilo a que chamamos de imaginário, esse espaço essencial à expansão do eu[165] — e ao esquecimento do eu —, esse lugar essencial mas tantas vezes depreciado.

Em geral, no momento de defender a leitura (já que, hoje em dia, frequentemente é preciso justificar o interesse que temos por ela), os argumentos sérios e úteis são os que ganham destaque: sua relevância no currículo escolar, na ortografia, na sintaxe, ou ainda seu papel na formação do espírito crítico, no conhecimento de outras épocas e culturas, ca-

---

[163] Citado por Olivier Rolin, *Bric et broc*, Lagrasse, Verdier, 2011, p. 54.

[164] Citado em *Matisse et l'Océanie*, Le Cateau-Cambrésis, Musée Matisse, 1998, p. 196.

[165] François Flahault e Nathalie Heinich, *op. cit.*, p. 9.

paz de proteger contra a intolerância, ou ainda as sociabilidades possibilitadas pelo compartilhamento de textos etc.

Quanto ao fato de que ela se mostra propícia ao devaneio e às fantasias que contamos a nós mesmos dia após dia no segredo de nossa solidão, ele costuma ficar escondido. É como se fosse o lado vergonhoso da coisa, aquele que é concedido às crianças, em certos momentos, quando as deixamos se esbaldar no pátio de recreação antes de voltar ao aprendizado, ou ainda às mulheres carentes de amor. Ora, basta ouvir falar as pessoas que leem de vez em quando para se lembrar de que o imaginário é uma dimensão vital e que, se a leitura não é a única atividade propícia a ele, representa aqui um caminho real. De resto, há dez ou quinze anos, aos olhos dos adolescentes, era justamente nessa abertura ao imaginário que tal atividade oferecia uma vantagem sobre o visual já tão presente na vida deles (seria preciso saber qual a situação hoje em dia; as pesquisas não esclarecem esse ponto o bastante). Isso não dizia respeito apenas à ficção, mas também às biografias, aos documentários, a diversos gêneros.

É justamente um pequeno elogio a essas fábulas que inventamos, essenciais à respiração, ao amor, à revolta, ao lugar em que vivemos, ao conhecimento, ao pensamento, que eu gostaria de fazer, pois elas ainda são por demais difamadas. Muito antiga (lembremos de Platão), a depreciação do imaginário, visto como uma desorientação enganadora dentro de uma "realidade" confundida com o ambiente material próximo, vem pesando de maneira recorrente sobre o modelo da "boa" leitura e da "boa" literatura para crianças. Ainda recentemente, como escreveu Graciela Montes,

> "[...] pulularam como cogumelos as histórias de 'crianças como você', desenvolvidas em situações cotidianas, semelhantes em tudo o que era visível àquelas que o leitor conhecia — histórias em disfarces realistas. [...] Os pedagogos estavam contentes, porque a história informava

a criança sobre o que a rodeava, ela a 'educava' (finalidade derradeira de tudo o que toca à criança) e não se desorientava nos obscuros e imprevisíveis corredores da fantasia."[166]

Em um momento no qual cada indivíduo defende seus "delírios", poderíamos pensar que está morto o temor de que os leitores se percam nos corredores da fantasia, longe da vida real ou dos verdadeiros combates. Entretanto, esse não é o caso, e penso por exemplo nos adultos que não queriam que as crianças paralisadas folheassem livros nos quais os personagens corriam... para não traumatizá-las. Essas crianças viam-se, assim, proibidas de correr também na imaginação. Quando fiquei sabendo disso, lembrei-me de uma menininha paraplégica cujo livro preferido era a história de um coelhinho de patins.

### Uma recusa criadora

Para abordar alguns dos méritos do imaginário, vou começar por uma festa celebrada na Andaluzia. Em Granada, nos primeiros dias de maio, nas praças ou nas esquinas, os habitantes erguem grandes cruzes cobertas de cravos vermelhos ou de papel crepom. Aos pés dessas cruzes, eles depositam objetos que fabricam com os badulaques que guardam nos sótãos, mais ou menos como as barraquinhas de um mercado de pulgas: máquinas de costura, cerâmicas de todo gênero, pantufas *kitsch*, grande variedade de xales, gaiolas de

[166] Graciela Montes, *El corral de la infancia*, Cidade do México, Fondo de Cultura Económica, 2001, p. 21. É preciso especificar que isso não concerne, evidentemente, aos livros em que um artista soube restituir toda a poesia dos gestos cotidianos — como, por exemplo, os livros de Jeanne Ashbé para crianças pequenas.

pássaros. Próximo às cruzes, montam-se mesas fartas, alinham-se lampiões, dispõem-se jogos, *tapas*, xerez, cerveja, música, canta-se a Virgem e o amor, e depois vêm as danças. Mulheres principalmente, e moças, algumas em traje tradicional, outras de jeans.

Quando descobri essa festa por acaso, um detalhe me intrigou: no meio de cada bricabraque via-se sempre uma maçã trespassada por uma lâmina. Às vezes, ela estava em um lugar insólito: um anjinho barroco, suspenso em uma árvore com um fio, acima das bugigangas, atirava uma flecha... na qual a maçã fora fincada. Acabei por interrogar uma estudante sentada nos degraus de uma igreja. Ela me olhou, divertida:

> "Ah, você notou a maçã? E olha que a gente sempre tenta escondê-la um pouco... Olhe só, aqui, uma maçã, a gente chama de 'pero' [o que, em castelhano, também significa 'mas']. E a vida, o que é? É sempre: 'Eu te amo, você é tudo para mim, mas deixar minha mulher, meus filhos, nem pensar!'. Ou ainda: 'Aquela mulher é linda, tem uma pele de pêssego, mas aquele nariz...'.
>
> Assim, durante a festa, uma vez por ano, matamos o 'pero', matamos o 'mas'."

O imaginário é como a flecha disparada pelo anjinho, ele mata o "mas", todos os "mas", é uma de suas primeiras virtudes. Freud via nele um meio de satisfazer os desejos frustrados pela realidade. Em sua teoria, no início da vida o psiquismo tende somente à obtenção do prazer. Depois instaura-se o rude princípio de realidade, mas uma forma de pensamento permanece submissa unicamente ao prazer, aquela que começa com o brincar, na infância, e continua sob a forma de devaneios e de fantasias. "Da mesma maneira", escreve Freud, "uma nação cuja fortuna repousa sobre a exploração das riquezas de seu solo reserva, ainda assim, uma área determinada, que deve ser deixada em seu estado original e preservada contra as transformações da civilização", dando como exemplo o Parque de Yellowstone.[167]

Nossas fantasias diurnas, nossos devaneios, as histórias que contamos a nós mesmos são o Yellowstone da psique, uma respiração vital. Ali elaboramos jogos, encenações, narrativas, ou ainda inventamos objetos que nos ofereçam essa completude para a qual a realidade nos frustra. É o que bem diz Juan Villoro:

> "Escrevemos porque o mundo é malfeito, o mundo é incompleto, o ser humano tem necessidade de sonhar, de se apaixonar, de contar piadas, curiosidades, de compartilhar histórias para completar sua experiência do mundo; a realidade não nos basta, devemos completá-la com alguma coisa, e uma das maneiras mais deliciosas de fazer isso é, justamente, o mundo dos livros. Aquele que lê tem duas realidades: o mundo do qual ele está seguro, onde trabalha, ama, trava relações com seus amigos e parentes, e um outro mundo, imaginário, onde se encontram os heróis das histórias, que lhe lembram muito as deste mundo aqui, mas que também lhe trazem coisas novas. Assim, a literatura existe por causa disso, assim como o amor ou os sonhos, por essa necessidade de completar, imaginariamente, um mundo que é incompleto, que é imperfeito."[168]

---

[167] Sigmund Freud, "Formulations sur les deux principes du cours des événements psychiques", em *Résultats, idées, problèmes I*, Paris, PUF, 1998, pp. 138 ss. [ed. bras.: "Formulações sobre os dois princípios do funcionamento psíquico", em *Obras completas*, vol. 10, São Paulo, Companhia das Letras, 2010].

[168] Entrevista com Juan Carlos Lozano, Luvina Foros, Universidade de Guadalajara (México): <http://luvina.com.mx/foros/index.php?option=com_content&task =view&id=788&Itemid=50>.

As artes e as letras são brincadeiras que os adultos inventaram, entre outros motivos, para compensar um pouco suas renúncias, seus lutos, seus fracassos, suas humilhações. Para Pascal Quignard, "é um elo com o perdido que reina sobre todas as artes".[169] Calaferte, por sua vez, via na literatura "uma série de decepções ampliadas", "o sucesso do fracasso". E segundo Orhan Pamuk, "o fato de escrever e a literatura estão profundamente ligados a uma carência em torno da qual gira nossa vida"...[170]

Todavia, não é tanto a perda ou o fracasso que dominam nesses jogos, fantasias e relatos ficcionais, quanto a revolta, a flecha atirada no "mas". É o que escreve Gabriel Zaid:

> "Nem a doença, nem a desgraça transformam as pessoas em criadores. Se fosse o caso, as penúrias produziriam gênios famintos. Ao contrário, ser criador é um certo modo de recusa do sofrimento. Uma recusa criadora que transfigura o sofrimento em ação, a opressão em comunhão, a necessidade em liberdade. O sofrimento, a opressão e a necessidade deixam de ser circunstâncias infelizes para tornar-se oportunidades criadoras."[171]

O mesmo vale para a leitura. Assim como se cria ou se escreve frequentemente contra o mundo inteiro, "lemos em protesto contra a vida", diz Charles Dantzig.[172] E Graciela Montes: "Desde pequenininho, todo leitor é um insatisfeito,

---

[169] France Culture, *Radio Libre* (entrevista feita por Ali Badou), 12 de setembro de 2009.

[170] Orhan Pamuk, "La valise de mon papa", discurso do Nobel, em *D'autres couleurs*, Paris, Gallimard, 2006, p. 534 [ed. bras.: "A maleta de meu pai", em *Outras cores*, São Paulo, Companhia das Letras, 2010].

[171] Gabriel Zaid, *La poesía en la práctica*, Cidade do México, Fondo de Cultura Económica, 1986, p. 69.

[172] Charles Dantzig, *Pourquoi lire?*, Paris, Grasset, 2010, p. 107.

um rebelde"...[173] O filósofo Jacques Rancière pôde até mesmo entrever em Emma Bovary, a protagonista de *Madame Bovary*, de Flaubert, a figura emblemática da leitora que se destrói por excesso de imaginário, uma aspiração política a não se contentar com seu destino.[174] O que traz à tona um terrível problema: como fazer para não aniquilar essa dimensão de revolta, para não asseptizar a leitura?

### O QUE PODERIA TER SIDO: UMA PARTE INVISÍVEL E VITAL

O autor e ilustrador brasileiro Daniel Munduruku diz que seu povo e seu avô o fizeram descobrir que "nós não nascemos para ficar o tempo inteiro no chão. Nascemos com asas para voar em muitas direções, às vezes sem sair do lugar em que estamos".[175] Eu compararia essa observação com a de um escritor de que gosto muito, Javier Marías, que escreve: "Parece certo que o homem — e a mulher talvez ainda mais — necessita de uma certa dose de ficção, ou seja, ele precisa do que é imaginário além do que aconteceu na realidade. [...] Não me arriscarei a empregar expressões que acho banais e pretensiosas, como afirmar que o ser humano tem

---

[173] Entrevista publicada no *Clarín*, Buenos Aires, 2 de março de 2003: <http://old.clarin.com/diario/2003/03/02/o-02815.htm>.

[174] Uma Emma "menos alienada que inconveniente, revoltada, que vai aonde não deveria ir, que escuta palavras que não lhe são dirigidas, que aspira a estilos que não são de seu nível e vai apoderar-se deles furiosamente...", escreve Marielle Macé a respeito de Rancière (*Façons de lire, manières d'être*, *op. cit.*, 2011, pp. 188-9).

[175] Daniel Munduruku, citado por Marcia Wada, em "Recuperación y difusión de tradiciones culturales", Primer Encuentro Nacional Interculturalidad y Biblioteca Pública: Palabra, Memoria e Identidad, Bogotá, novembro de 2009.

necessidade de 'sonhar' ou de 'se evadir' (verbo muito malvisto nos anos 1970, diga-se de passagem)".[176] Marías, na verdade, é mais sutil que isso. Para ele, a vida de cada um de nós também é feita de nossos desejos irrealizados, das possibilidades que não escolhemos, de nossos devaneios, "daquilo que abandonamos ou que nos abandonou". Nós consistimos, talvez, tanto "naquilo que somos quanto naquilo que não fomos, tanto no que é verificável e quantificável e memorável quanto naquilo que é mais incerto, indeciso e disperso, talvez sejamos feitos em igual medida daquilo que foi e daquilo que poderia ter sido", diz ele. E o romance, que a seus olhos é a forma mais elaborada de ficção, nos contaria isso tudo, ele nos relembraria justamente "dessa dimensão que deixamos geralmente de lado na hora de nos contar e de nos explicar",[177] esse "território daquilo que ainda é possível, daquilo que sempre estará por vir".[178] É o que constata Olivier Rolin: "A literatura, parece-me, está voltada para aquilo que desapareceu, ou ainda o que poderia ter acontecido e não aconteceu...".[179]

O que poderia ter sido, o que poderia ter acontecido: como preciso dar um exemplo e ninguém gostaria de me contar devaneios pessoais para reencontrá-los nestas páginas, vou usar minha própria contribuição. Quando eu tinha catorze anos e vivia na Colômbia, certa noite, sob as estrelas, à beira de uma piscina, eu teria podido beijar L., que estava com 29 anos. Provavelmente, nos meses que se seguiram, eu não teria tido a necessidade de ler todas as peças de teatro em que pude pôr as mãos, em busca de um papel que me per-

---

[176] Javier Marías, *Littérature et fantôme*, Paris, Gallimard, 2001, p. 56 [ed. port.: *Literatura e fantasma*, Lisboa, Relógio d'Água, 2016].

[177] *Ibid.*, p. 57.

[178] *Ibid.*, p. 94.

[179] Olivier Rolin, *Méroé*, Paris, Éditions de l'Olivier, 1998, p. 89.

mitisse atirar-me em seus braços. Uns quarenta anos depois, quando voltei a Bogotá, L. teria podido topar com um artigo dedicado a mim na primeira página do *Tiempo*. Ali se dizia que eu já tinha morado na cidade andina e que voltara lá para dar conferências, uma delas naquela mesma noite.

L. poderia ter comparecido, se instalado no fundo da sala e, depois de ter me ouvido (e admirado), avançar pelo corredor até mim. Teríamos vagado pelas ruas como antes, e eu lhe teria dito as palavras que haviam ficado em minha boca durante toda a minha vida feito pedregulhos. Talvez seja melhor que tenha sido assim, pois L. estaria então com 71 anos, e não mais 29.

Alguns meses mais tarde, eu teria podido permanecer em Montevidéu após um colóquio ao qual fora convidada e viver alguns anos com A., cujo nome não é muito diferente do de L. No jardim, teríamos *mburucuya*, flores de maracujá com o miolo azul, e jasmins húngaros. Levaríamos nossos cachorros para correr à beira do oceano. No fim de semana, de vez em quando, dormiríamos em Cabo Polonio, uma aldeia de pescadores à qual se chega a cavalo por estradinhas nas quais correm avestruzes selvagens. Ali nós seríamos despertados, de manhã, pelos latidos das focas (encontrei esses detalhes zoológicos nos guias e páginas da internet que consultei na volta para alimentar meu devaneio).

Mais uma: aos 25 anos, eu teria podido escrever, eu deveria ter escrito, para Guy-Claude François, o maravilhoso cenógrafo do Théâtre du Soleil, para lhe pedir um estágio, e eu teria me tornado um dos grandes nomes da fantasmagoria de nossos tempos. Eu teria podido não fugir em disparada quando soube que o poeta Odysseas Elytis desejava me encontrar depois de ter lido minha tentativa de tradução de *Axion esti*.[180] Hoje, eu seria uma grande tradutora literária

---

[180] *To axion esti*, publicado em 1959, é um célebre e monumental

(ou não). Eu teria podido comprar aquele estúdio tríplex, maior que o apartamento em que vivo e cheio de cantinhos misteriosos. Recentemente, eu teria podido aceitar aquele convite para ir ao norte da Argentina e ver, enfim, rebanhos de lhamas, em vez de apenas enfeitar com elas meus cartões de boas-festas por simplesmente adorar seu ar arrogante e encantador.

Tudo o que poderia ter sido, e dezenas de outras fantasias, faz parte de mim, do mais profundo de mim, como os amores que realmente vivi, o apartamento que escolhi com plátanos diante das janelas ou minha profissão que me permitiu viajar e escrever estas linhas, já que uma parte da antropologia sempre se considerou próxima da literatura. Por outro lado, eu não teria podido fazer estudos de cirurgia ou construir pontes, amar G. ou X. ou viver em uma residência na periferia, pois essa não teria sido eu.

E assim verificamos uma vez mais que a leitura e a literatura têm muito a ver com o irrealizado: é a um beijo que não veio, sob uma árvore tropical, perto de uma piscina, que devo grande parte do interesse que por muito tempo dediquei ao teatro. E notamos também que, por sua vez, todos os tipos de leitura enriquecem o imaginário: sem elas, nada de maracujás, nada de avestruzes selvagens, nada de focas latindo de manhãzinha (na realidade, parece que esses gritos são bastante irritantes, mas em meu devaneio eles acrescentam o encanto da infância ao prazer amoroso).

Existe aí uma dimensão sobre a qual nos perguntamos por que ela deveria ser vivida de modo infeliz, vergonhoso ou mesmo nostálgico. Pois não é somente uma compensação, uma consolação, mas algo que vem se acrescentar à nossa vida manifesta, toda uma face invisível, subjacente, vital, que não se importa nem um pouco com o aqui e o agora, e que

---

poema do escritor grego Odysseas Elytis (1911-1996), que recebeu o Nobel de Literatura em 1979. (N. da T.)

também nos constitui. Esse aqui e agora não nos basta, necessitamos de um outro lugar e de um outro tempo, temos sede de uma vida dupla, e é por isso que lemos, sobretudo romances.[181] Como Muriel, que nem sequer cogita partir sem levar uma bolsa cheia de livros: "Onde quer que eu esteja, tenho necessidade de estar em outro lugar, é por isso que sempre carrego em minhas malas uma quantidade de livros, para estar em outro lugar. Não sei estar simplesmente ali onde estou". Ou Siri Hustvedt: "Devemos todos nos entregar, de tempos em tempos, à fantasia de nos projetar, a uma chance de nos revestir com aquilo que nunca foi e que jamais será. [...] Afinal de contas, nós não podemos, nenhum de nós jamais poderá desfazer o nó das ficções que compõem essa coisa incerta a que chamamos de nosso eu".[182]

Thibaudet, por sua vez, comenta que esse gosto por múltiplos possíveis seria mais marcado em certas idades, "seja na juventude, quando a vida se abre diante de nós, seja na velhice, quando uma luz de fim de outono, iluminando tudo o que teríamos podido ser, o confunde, no mesmo coro harmonioso e ilusório, com aquilo que nós fomos".[183]

O que seriam nossas vidas, quando somos jovens, se não pudéssemos imaginar uma pluralidade de devires que, todos, diriam algo sobre nós? Todavia, esse sentido do possível é precisamente o que se perde quando a pobreza expulsa os sonhos da casa ou quando a preocupação com a sobrevivência, em contextos críticos, domina a todo momento. Mas é também o que os adolescentes ou adultos dizem descobrir ou reencontrar quando tomam parte em oficinas baseadas na li-

---

[181] "Os romances são segundas vidas", escreve Orhan Pamuk em *Le Romancier naïf et le romancier sentimental*, *op. cit.*, p. 11.

[182] Siri Hustvedt, *Un Été sans les hommes*, Arles, Actes Sud, 2011, p. 190 [ed. bras.: *O verão sem homens*, São Paulo, Companhia das Letras, 2013].

[183] Citado por Marielle Macé, *Façons de lire...*, *op. cit.*, pp. 123-4.

teratura e na arte (com a condição de que sejam realizadas com hospitalidade e engenhosidade): a ideia de que eles poderiam tornar-se outra coisa, o desejo por um outro destino. E às vezes o espaço reconquistado não somente areja o cotidiano, mas desemboca em projetos concretos.

Quando ela se aproxima do inverno, o que seria de nossa vida se não pudéssemos ampliá-la com devaneios sobre o que foi e tudo o que poderia ter sido, amores, loucuras voluptuosas, viagens e castelos na Espanha, dos quais afortunadamente pudemos realizar alguns, mesmo que nem todos tenham sido concretizados. Uma vida que se constituísse somente de sonhos irrealizados seria muito triste, mas a curiosa ideia contemporânea segundo a qual é preciso "satisfazer todas as suas fantasias" não seria diferente. Uma amiga psicanalista enviou-me um cartão de boas-festas em que escreveu: "Desejo que você não realize todos os seus desejos". Ela pode ficar tranquila. Já Amós Oz observa que os sonhos que se tornam realidade são, por sua essência, decepcionantes: "O mesmo vale para todos os domínios, uma viagem ao estrangeiro, um romance ou até mesmo, por que não, uma fantasia sexual. A única maneira de manter um sonho intacto seria jamais tentar realizá-lo".[184]

Em *Le Dépaysement*, Jean-Christophe Bailly escreveu belas páginas a respeito daquilo a que Rodin chamava de suas "miudezas", todos aqueles fragmentos de corpos, braços e pernas hoje guardados no subsolo de seu ateliê de Meudon: "Por baixo de sua obra efetiva, é como se existisse uma outra, ainda em gestação [...] um continente perdido feito de todas as tentativas que quiseram reunir-se ao imenso e perder-se nele". O que essa "Atlântida de Meudon" sugere a Bailly "é a possibilidade de que a tudo o que existe ou existiu venha juntar-se, discretamente mas para sempre, em filigra-

[184] *Le Monde*, 15 de fevereiro de 2013.

na, de certo modo, a trama apagada, mas sem fim renascente, daquilo que poderia ter sido".[185]

Como Rodin, cada pessoa armazena em seus porões esboços de histórias, fiapos de narrativas, lembranças, algumas palavras ou uma imagem escamoteados durante suas leituras, seus passeios ou suas viagens, que ficam lá, adormecidos, até o dia em que talvez sejam solicitados para compor um devaneio, uma fantasia, um pensamento, um projeto. Fiapos, como eu dizia, pois talvez seja precisamente a partir desse caráter inacabado, desconjuntado e fragmentado que o imaginário se desdobra. Um desenho de Sempé explica isso muito bem. Ele representa uma turista que, de olhos baixos, observa sorridente um toco de coluna grega quebrada, bem baixo. Acima dela, em um balão que ocupa a maior parte da página, aparece o que ela está imaginando, um templo em que uma multidão de homens vestidos à moda antiga se interpela, trabalha e, no fundo, alguns monumentos em meio a ciprestes. A verdade e a delicadeza do desenho vêm desse contraste que Sempé tão bem representou entre o fragmento de coluna e a amplidão do devaneio desenvolvido pela mulher. Em minha memória, o desenho continha até mesmo ruas em que corriam crianças, vinhas trepando até os terraços das casas, até que eu o verificasse e me desse conta de que minha própria fantasia se enxertara sobre a do ilustrador.

As leituras, todo tipo de leitura, ajudam a considerar a realidade de um outro ponto de vista e a ampliar o balão que se desdobra quando observamos uma parcela do mundo, um objeto, um ser, a dotá-los de detalhes ou a fazer surgir mil histórias. A qualidade de nosso devaneio, daquilo que contamos uns aos outros, não depende somente de nossa inventividade, ela necessita de lembranças, de saberes, de imagens, de narrativas.

---

[185] Jean-Christophe Bailly, *Le Dépaysement*, *op. cit.*, pp. 91-2.

## O imaginário no cerne do amor, da viagem, do ambiente em que vivemos

Muitas áreas da vida exigem uma parte imaginária, mas três delas me vêm imediatamente à lembrança, tal a importância dessa parte: o amor, a viagem, o ambiente.

"Em grandíssima medida, o amor repousa na antecipação e em sua lembrança", diz Javier Marías:

> "É o sentimento que exige a maior dose de imaginação, não somente quando o pressentimos, quando o vemos chegar, não somente quando aquele que viveu essa experiência e a perdeu necessita explicar a si mesmo o que houve, mas também enquanto o próprio amor se desenvolve e assume todo o seu vigor. Digamos que é um sentimento que exige sempre algo de fictício além daquilo que lhe oferece a realidade. [...] Ele está sempre a ponto de se realizar, é o reino daquilo que pode ser. Ou ainda do que poderia ter sido."[186]

Que cada um pense em sua própria experiência amorosa, na parte que o imaginário ocupa nela e na maneira como romances, poemas, filmes ou canções a enriqueceram. Que ele, ou ela, lembre-se também das obras lidas ou das páginas escritas para se consolar dos amores que não deram certo. "Foi quando encontrei aquele rapaz. Era um amor impossível, e portanto para sempre. A literatura é a forma que assume esse sempre", conta Abilio Estévez.[187] Pensemos nos muitos contos, romances ou novelas que evocam paixões vi-

---

[186] *Littérature et fantôme*, *op. cit.*, pp. 38-9.

[187] *Libération*, 11 de outubro de 2012.

vidas de modo imaginário, ao longo de toda uma vida, a partir de um encontro sem futuro: *Carta de uma desconhecida*, *24 horas na vida de uma mulher*, *A dama do cachorrinho*, *As pontes de Madison*... Eles frequentemente são adaptados para o cinema. Essa arte, aliás, nunca deixou de encontrar nessa temática uma fonte de inspiração, e não somente nos países ocidentais — em *Amor à flor da pele*, de Wong Kar-Wai, um homem e uma mulher, em Hong Kong, escrevem romances de cavalaria a quatro mãos e vivem um amor secreto, impossível, definitivo.

A viagem também está intrinsecamente ligada à ficção, como mostra o delicioso ensaio de Pierre Bayard intitulado *Comment parler des lieux où l'on n'a pas été?* [Como falar dos lugares onde não estivemos?]: "a narrativa de viagem é um lugar privilegiado para o exercício da ficção", escreve a respeito de Marco Polo e das cenas inverossímeis às quais ele teria assistido, próximas dos sonhos, com suas condensações, "em que um mundo ideal dominado pela onipotência infantil vem tomar o lugar, numa espécie de euforia narrativa, de uma realidade cotidiana deprimente".[188] Uma grande porção imaginária está ligada a toda narração de um périplo, mas também a todo desejo de explorar plagas desconhecidas. E a leitura, talvez mais do que outras práticas culturais, parece particularmente adequada para suscitar esse desejo. Quantas peregrinações não nasceram de livros, particularmente os lidos na infância! Entre mil exemplos, penso em uma senhora impulsionada por toda a vida pela busca daquilo que ela encontrara, ainda menina, em *O Pequeno Príncipe*. Depois de ter percorrido muitos países, ela finalmente teve a impressão de encontrá-lo, com mais de setenta anos, no sul da Tunísia. Ela conta essa história em um caderno em que trechos

---

[188] Pierre Bayard, *Comment parler des lieux où l'on n'a pas été?*, Paris, Minuit, 2012, p. 28.

e desenhos do *Pequeno Príncipe* enquadram suas fotos de viagem.

Em contrapartida, lembro-me das redações de alunos de onze ou doze anos que uma professora de francês me mostrou — crianças que cresceram em meios nos quais a leitura não tinha lugar e onde a transmissão oral parecia pouco presente. Depois de tê-los feito ler um trecho da *Odisseia*, ela propusera como tema: "Como Ulisses, você faz uma viagem. Você chega em uma terra estrangeira; descreva-a". Praticamente nenhuma criança imaginara um país. Um menino falou de uma cidadezinha no interior onde provavelmente tinha passado suas férias. Outro descreveu longamente um combate contra Pokémons. Uma menina evocou... a aula de francês. Essa era a terra estrangeira (o que nos faz imaginar: ela se sentia encantada ou atordoada pela estranheza?). Por outro lado, existem crianças que se inspiram em álbuns, livros, histórias em quadrinhos e filmes para suas redações, além de irrigar com eles o roteiro das brincadeiras que inventam dia após dia, introduzindo novos personagens, outras geografias, aventuras inéditas, além daquelas que retornam ritualmente.

O ambiente também tem uma forte ligação com o imaginário. Se têm a chance de ter seu próprio quarto, as crianças o mobíliam com fantasias, com histórias, rodeiam-se de heróis cujas aventuras admiram. Como Zahia Rahmani e seu irmão, que enfeitaram o sótão com pinturas parietais inspiradas em suas leituras:

> "Nas paredes daquele sótão estão inscritos, em tinta negra, os desenhos que meu irmão traçou durante aquelas que chamávamos de nossas leituras americanas. Vemos ali cavaleiros ianques ao lado de caubóis saindo a galope de um cânion, sabre erguido, como se fossem a uma batalha que avançava diretamente sobre nós. Diante deles, índios acampados momentaneamente em torno de uma fogueira, projetando suas sombras na tela de

seus tipis. Dessa parede eleva-se uma atmosfera calma e serena que me faz pensar que meu irmão se identificava com eles. Em outra parede pintáramos uma figura de suplicante estendendo as mãos, copiada de um álbum fotográfico de esculturas chinesas. [...] Meu pai nunca vinha àquele lugar. Ele nos repreendia, todavia, por passar tempo demais ali para fugir dele. Para ele, não passava de um nada, cujo trabalho em andamento ele ignorava. É um milagre que esse refúgio, que acolheu cada criança como se fosse seu reino, tenha preservado traços de nossa adolescência, esse cenário de sombras criado como uma homenagem a nossas leituras."[189]

Evoquei mais acima a proximidade da leitura com a arte das cabanas, as múltiplas metáforas espaciais empregadas pelas pessoas quando elas contam suas leituras. Nos livros, nós nos apoderamos de fragmentos de espaços fictícios para depositar ali nossa alma e dar forma a lugares onde viver, porque não moramos na cotação do euro ou do índice da Bolsa de Valores, no temor das loucuras fanáticas ou das catástrofes naturais. Moramos em meio a objetos que projetam em nosso cotidiano um pouco de beleza, de fábulas, de devaneios, de histórias que jamais aconteceram, que talvez jamais aconteçam, mas que ainda assim contribuem para nos definir.

O que torna os lugares habitáveis é, sem dúvida, terem sido pensados com arte e ciência por arquitetos, jardineiros, urbanistas e por aqueles e aquelas que vivem neles; é a presença ou a lembrança, entre suas paredes, dos seres amados; é, ainda, não se limitarem à realidade material, mas serem arejados por uma parte imaginária que transforma o familiar e

---

[189] Zahia Rahmani, *France, récit d'une enfance*, Paris, Sabine Wespieser Éditeur, 2006, p. 60.

o abre a um outro lugar, uma outra dimensão, um pouco como um sonho, como algo cuja impressão nós preservamos.

### Um papel fundamental no processo de conhecimento

Existem muitas outras áreas que provocam trocas entre espaços materiais e imaginários, partidas para o mais distante, retornos para o que está próximo, considerado sob um outro olhar, e um investimento lúdico: particularmente, a área do conhecimento.

Diversos pesquisadores reabilitaram recentemente os mundos da ficção e explicitaram sua importância. A ensaísta Frédérique Aït-Touati, por exemplo, consagrou seus *Contes de la lune* [Contos da lua] ao valor heurístico da ficção, a seu papel esquecido e negligenciado na história das ciências. Fazendo um desvio pelo século XVII, quando as disciplinas ainda não estavam separadas e todos os saberes dialogavam (a astronomia com a música e a perspectiva, ou a gravura com a microscopia...), ela revela que a ficção literária era uma ferramenta de conhecimento fundamental para contar o mundo. As fantasias e contos permitiram aos eruditos mostrar aquilo que não era demonstrável, ultrapassar as limitações do real observável e descrevê-lo de acordo com óticas variadas. "Que a ciência pudesse ser tão poética e literária, eis algo que pode parecer difícil de admitir. Pois não é a ciência o lugar da fria razão, da sóbria verdade e da prova irrefutável? Ela não excluiria, por definição, a brincadeira, a estética, a literatura, a ficção e outras invenções da imaginação humana?"[190] Ela lembra que a literatura é coisa séria e que a ciência, mais do que nunca, precisa de imaginação. De resto, "a divisão de

---

[190] Frédérique Aït-Touati, *Contes de la lune: essai sur la fiction et la science modernes*, Paris, Gallimard, 2011, p. 12.

papéis entre uma literatura feita de imaginação e de fantasia e uma ciência feita de razão e de rigor existe apenas nos discursos, e não nas práticas":[191] os costumes heurísticos da ficção são, ainda hoje, muito numerosos.

Outros pesquisadores mostraram que existia ali uma dimensão essencial ao desenvolvimento humano: "que o desvio pelo virtual e o imaginário esteja no princípio da construção do real constitui neste momento o objeto de diversas pesquisas, sobretudo em psicologia do desenvolvimento", relembra André Petitat.[192] Esses trabalhos confirmam que o mundo da ficção não deriva de um primeiro mundo real, que seria o da ação. O universo humano seria uma composição de diversos mundos que se construiriam de maneira paralela e interativa. O da ficção pertence ao universo mais geral do jogo, da brincadeira, e exerce uma função vital. Ele "participa do trabalho permanente de modelização de nossas relações, da exploração de nossa complexidade interativa, e está implicado na formação e na aprendizagem" sob diferentes formas: a do faz de conta, mais a do jogo simbólico que se inscreve em seu prolongamento, no qual a criança faz um "teatro", e a da ficção narrativa que dá lugar a múltiplas interpretações. Petitat sublinha que a ficção continua a ocupar um lugar importante na vida adulta. E, em grande parte, "a complexidade e a beleza de nosso universo residiria na multiplicidade dos mundos e no deslocamento dos olhares que ela autoriza".[193]

Segundo Jean-Louis Schaeffer, que consagrou ao tema uma longa reflexão, "não seria possível reduzir a função da ficção — mesmo quando se trata de simples devaneios diur-

---

[191] *Ibid.*, p. 175.

[192] André Petitat, "Fiction, pluralité des mondes et interprétation", *A Contrario*, nº 2, vol. 4, 2006, pp. 85-107: <http://www.cairn.info/revue-a-contrario-2006-2-page-85.htm>.

[193] *Ibid.*, p. 107.

nos — à de uma compensação, de um corretivo da realidade ou de uma descarga pulsional de ordem catártica".[194] Durante a vida inteira, a ficção seria uma ferramenta para elaborar as emoções e entrar em relação com os outros; seria um dos lugares privilegiados em que o nosso vínculo com o mundo não deixaria nunca de ser reparado, renegociado, reequilibrado. Isso tudo, entretanto, com uma condição: que ela nos agrade, que nos proporcione uma satisfação estética.

Para ele, a ficção só seria compreensível se partíssemos das atividades miméticas: antes de derivar da arte, ela seria uma competência humana que se elabora sobre a base da capacidade lúdica de "fazer de conta". Essa aptidão, lembra ele, é ativada por interações com adultos, e seu desenvolvimento representa um papel central na adesão do bebê a uma identidade afetiva e cognitiva relativamente estável. É através de relações com aqueles que cuidam dele, mediatizadas pelo faz de conta e por pequenas ficções, que o bebê distingue progressivamente sua subjetividade interior e a realidade exterior. Além dos primeiros anos, a atividade ficcional permitiria reorganizar nossos afetos fantasmáticos em um terreno lúdico, colocá-los em cena, "o que nos dá a possibilidade de experimentá-los sem ser submersos por eles".[195] Por exemplo, ao assumirem ser malvadas no espaço da brincadeira, as crianças se apropriam desse afeto "enquanto faz de conta", com uma certa distância.

Assim, a imersão na ficção seria, paradoxalmente, "o lugar de uma desidentificação". Mais amplamente, toda ficção nos distancia, nos afasta de nós mesmos, de nossas representações, que são então encenadas nesse espírito do "como se". E isso valeria não somente para nossos afetos, mas

---

[194] Jean-Louis Schaeffer, *Pourquoi la fiction?*, Paris, Seuil, 1999, p. 321.

[195] *Ibid.*, p. 324.

ainda para nossas percepções ou lembranças. Schaeffer sublinha igualmente a importância das atividades imaginativas para o desenvolvimento do sentido das realidades, não somente na infância, mas além: "A literatura científica sugere que pessoas mais experimentadas no domínio do devaneio (*daydreaming*) distinguem de maneira mais eficaz entre suas próprias ilusões e os eventos sensoriais externos".[196] Longe de ser esse lugar de todos os perigos que afastaria seus frequentadores do mundo real, o mundo ficcional teria, assim, um papel fundamental no processo de conhecimento e na constituição e recomposição permanentes da base afetiva e cognitiva graças à qual temos acesso a uma identidade pessoal. O perigo de uma "atuação"[197] não proviria, portanto, "como acreditam Platão e aqueles que retomam suas teses, de uma vida imaginativa demasiadamente nutrida, mas, ao contrário, de uma capacidade de imaginação pouco desenvolvida".[198]

Com efeito, o que torna os jovens — em espaços estigmatizados e relegados — violentos, talvez seja o fato de serem privados de um imaginário, além de se sentirem presos e humilhados. Além desses espaços, hoje em dia a onipresença dos discursos sobre a crise não ajuda a sonhar uma multiplicidade de possíveis. No Jardim de Luxemburgo, no centro de Paris, escuto um guarda que conduz até a saída alguns adolescentes que entraram para se embebedar. Ele fala com eles de maneira bastante gentil, como faria com seus filhos, e ouve a resposta: "Se o senhor acha que é engraçado ouvir

---

[196] *Ibid.*, p. 326.

[197] O termo "atuação" (em inglês, *acting out*) é empregado na psicanálise para designar ações que frequentemente apresentam um caráter impulsivo, que rompe com os sistemas de motivação habituais do indivíduo, e muitas vezes constituem uma forma de agressão a si ou ao outro. (N. da T.)

[198] *Ibid.*, p. 42.

o tempo todo dizerem que a gente não tem futuro, que nossa geração é um fracasso...".

Joseph O'Neill, em *Terras baixas* (o livro preferido de Obama, ao que parece), evoca a possibilidade de uma "bondosa anexação" do real pelo imaginário, "de tal maneira que nossos gestos cotidianos projetam sempre uma sombra secundária vinda de um outro mundo. [...] É a incompletude do devaneio que traz os problemas", diz ainda o narrador, é o fato de não estar "com a cabeça suficientemente nas nuvens".[199]

Os transmissores de livros, dentre muitas outras coisas, conduzem até essas nuvens, esse continente, essa dimensão fundamental da vida, demasiado renegada, demasiado difamada: o que poderia ser, o que poderia ter sido, esse outro mundo, distante e familiar, que projeta sua sombra ou sua luz sobre nossos gestos cotidianos. Eles acompanham até os pontos em que é possível entrar nessa outra realidade, vital.

---

199 Joseph O'Neill, *Netherland*, *op. cit.*, p. 126.

6.
# A ARTE DA TRANSMISSÃO

> "Meu corpo e minhas palavras revelam-se segredos que eu próprio ignoro."
>
> Carlos Skliar[200]

Como "transmitir o gosto de ler", como "construir" ou "formar leitores": não é possível sequer contar as conferências e mesas-redondas dedicadas, em toda parte, a esses temas. Curiosas expressões, que um dia admiti me fazerem pensar no doutor Frankenstein, desejoso de fabricar dos pés à cabeça um ser vivo, com os felizes resultados que conhecemos. Subentende-se aí um desejo de domínio relacionado ao sentimento de impotência diante de uma realidade deprimente para quem se preocupa com o devir da cultura escrita: em muitos países, o recuo da leitura regular de livros é manifesto, e esse movimento, anterior à desmaterialização dos conteúdos e à chegada da internet, acelerou-se com a revolução digital e a presença crescente das telas em nosso cotidiano.[201] Daí uma multiplicação de discursos pessimistas sobre o futuro dos livros e da leitura, como o de Gary Shteyngart, citado anteriormente, ou o de outro escritor, Philip Roth:

> "Trata-se, em primeiro lugar, de uma questão de tempo. De quanto tempo as pessoas dispõem quando voltam para casa? Duas, três horas? E agora elas estão

---

[200] Citado por Ani Siro, Martín Broide e outros, em *Puentes en el viento...*, *op. cit.*

[201] *Pour la France*, ver Olivier Donnat, "La lecture régulière...", *op. cit.*, pp. 42-51.

diante da ditadura da tela. A tela do computador, a tela da televisão, a tela do iPad. Essas telas são mais importantes que os livros. Mesmo os livros digitais, não tenho certeza de que eles ainda existirão em dez anos. As pessoas não têm mais aquela 'antena' que era consagrada à leitura, ela foi substituída por uma antena eletrônica. [...] Elas perderam a faculdade de se concentrar em um livro. As pessoas que leem vão se tornar uma seita muito reduzida."[202]

Relembremos alguns dados. Na França, embora a generalização do prolongamento da escolarização durante as últimas décadas pudesse ter pressagiado um desenvolvimento das práticas de leitura, nada disso aconteceu: "A proporção de pessoas que declaram ter lido um livro durante os últimos doze meses, fora de qualquer obrigação escolar ou profissional, foi, em 2008, exatamente a mesma que em 1973 (70%)".[203] A proporção de não leitores de livros não diminuiu, mas por outro lado, a dos "grandes leitores" (que leem mais de vinte livros por ano) baixou de maneira muito sensível, particularmente dentre a população masculina.

Todas as categorias foram afetadas por essa redução, inclusive as classes diplomadas que, todavia, "resistiram" um pouco melhor: ser um grande leitor de livros continua a ser, essencialmente, característico dessas classes que, em grande parte, integraram as novas telas a seu universo sem modificar radicalmente seus hábitos por causa disso. Assim, eles associam hoje uma utilização significativa dessas telas, um nível elevado de leitura de livros e uma frequentação regular dos equipamentos culturais. E essa atitude cumulativa é transmitida a seus filhos. Inversamente, os jovens das classes popu-

---

[202] *Libération*, 30 de setembro de 2010.

[203] Olivier Donnat, "La lecture régulière...", *op. cit.*, p. 44.

lares, sobretudo os meninos, estariam hoje absorvidos somente pelas telas.[204]

A distância entre grupos sociais teria assim aumentado ao longo da última década, bem como as diferenças entre homens e mulheres: agora, estas últimas ultrapassam os homens em todas as atividades relacionadas ao livro.[205] E se os jovens de 15 a 24 anos ainda constituem o maior número de leitores de livros, cada geração, desde os anos 1980, teria um nível de leitura inferior ao da geração precedente. Além do mais, trata-se aqui de dados relativos a uma época (2008) anterior à considerável extensão das redes sociais e à enorme difusão dos *smartphones* e dos *tablets* que nos acompanham até na cama. A queda provavelmente acentuou-se desde essa época, como prova o fechamento de muitas livrarias.

Essas são as tendências observadas para a população de mais de 15 anos, levada em conta nas grandes pesquisas sobre as *Práticas culturais dos franceses*.[206] Quanto às que foram realizadas junto a crianças e adolescentes, elas apontariam que, para esse grupo, "a leitura é um planeta que, a cada ano, torna-se mais alienígena", como disse uma professora. Analisando os resultados de pesquisas realizadas entre 2002 e 2008 junto a 4 mil crianças, Sylvie Octobre e Nathalie Berthomier observam que "se, aos 11 anos, 14,5% dizem que nunca ou quase nunca leem livros, elas passam a ser 46,5% seis anos mais tarde".[207] Essa é a única prática cultural cujo

---

[204] Ver Olivier Donnat, *Les Pratiques culturelles des Français à l'heure numérique. Enquête 2008*, *op. cit.*

[205] Todavia, para as primeiras gerações camponesas e operárias que foram alfabetizadas, o escrito fora majoritariamente um assunto masculino. Em algumas gerações, a situação se inverteu.

[206] Ver Olivier Donnat, *Les Pratiques culturelles des Français à l'ère numérique. Enquête 2008*, *op. cit.*

[207] Sylvie Octobre e Nathalie Berthomier, "L'enfance des loisirs: éléments de synthèse", *Culture Études*, Ministério da Cultura e da Educação

nível de difusão é substancialmente inferior na geração dos filhos em relação à dos pais. Sua posição "elitista" também permanece inalterada. A transmissão familiar teria inclusive ganhado ainda mais peso, tanto que hoje "um filho de chefe lê tanto quanto ou pouco menos que anteriormente, e um filho de operário lê bem menos".[208]

Temos de insistir: é dificílimo mensurar as evoluções.[209] Aliás, os atos de leitura e de escrita em tela, por sua vez, progridem de maneira espetacular, a ponto de ter sido possível falar em "grafomania eletrônica":[210] talvez jamais tenhamos lido tanto, se levarmos em conta o que lemos nas múltiplas telas que nos rodeiam. Convém igualmente evocar todos aqueles para quem a leitura, particularmente de textos literários, continua a representar um papel primordial na construção ou na reconstrução do eu e que não se recrutam

---

francês, DEPS, 2011-6, p. 2. Ver também Sylvie Octobre, Christine Détrez, Pierre Merckle e Nathalie Berthomier, *L'Enfance des loisirs: trajectoires communes et parcours individuels de la fin de l'enfance à la grande adolescence*, Paris, Ministério da Cultura e da Comunicação francês, DEPS, 2010.

[208] Sylvie Octobre, em *Séminaire sur le développement de la lecture des jeunes*, *op. cit.*, p. 6.

[209] Ver Christine Détrez, "Les adolescents et la lecture, quinze ans après", *Bulletin des Bibliothèques de France*, nº 5, 2011, pp. 32-5: <http://bbf.enssib.fr>.

[210] Jean-Claude Monot, em *Écrire à l'heure du tout-message*, Paris, Flammarion, 2013. "Longe da civilização de analfabetos descrita pelo gênero inutilizável da filosofia do declínio e dos panfletos contra a decadência, e se estivermos dispostos a fazer o esforço de distinguir a questão geral da escrita da questão da 'boa escrita', ou da escrita conforme ao código letrado e culto, capaz e desejosa de seguir a gramática e a ortografia, podemos dizer, ao contrário, que somos uma sociedade de 'alfabestizados', que se dedica à escrita de mensagens como nenhuma época anterior fizera em semelhantes proporções." A persistência da escrita se deve, para ele, "à aptidão do escrito em evitar o face a face".

somente dentre as fileiras dos grandes leitores: encontrei muitos exemplos, em minhas pesquisas, do impacto que, ainda hoje, surtia o encontro com algumas histórias, alguns fragmentos de textos, mesmo de algumas frases que podiam suscitar recomposições subjetivas espantosas. Enfim, é preciso lembrar que a frequência dos discursos de lamentação, a culpabilização dos jovens, apontados (erroneamente) como responsáveis por anunciar o fim da leitura, e a vontade de controlar suas atividades de lazer contribuíram, junto a outros fatores, para a queda que tanto lastimamos: se muitos deles resistem aos livros, é também porque tentamos fazer com que os consumam à força.

## O PESO DO CLIMA FAMILIAR

Não entoarei, portanto, o bordão da "crise da transmissão". Em minha opinião, existe crise ou falta de transmissão cultural quando os pais ou parentes não são capazes, por uma razão ou outra, de apresentar o mundo às crianças, de escutá-las e falar com elas dia após dia sobre aquilo que dá sentido à sua própria vida, sobre o que elas viveram, sobre o que lhes é caro; quando eles não podem propor objetos culturais dos quais essas crianças talvez venham a se apoderar para interpretar o que descobrem, instaurar uma continuidade com o que as rodeia, animar sua vida interior, pensar, alimentar trocas com outras pessoas. Pois por mais jovens que sejam, as crianças são ativas, elas se apropriam daquilo que lhes é transmitido para fazer outra coisa. No domínio da cultura escrita, elas não recebem passivamente um texto, mas o modificam, integram-no a suas pequenas encenações, seu teatro pessoal, seu mundo interior. E é precisamente nesses desvios, nessas apropriações selvagens, que elas se tornam os sujeitos vivos dessa cultura. Ademais, frequentemente levamos muito tempo para nos apropriar do que nos foi legado e, de fato, é durante uma vida inteira que deveríamos julgar se houve transmissão.

Porque é bastante curiosa essa representação que confunde transmissão e reprodução, esperando que as crianças repitam, no mesmo instante, os feitos, gestos e gostos daqueles e daquelas que as precederam. Como se não houvesse sempre uma grande diferença entre o que é transmitido e o que é recebido. Como se as crianças não fossem dotadas de uma capacidade de agir, de interpretar e de construir sentidos. Sylvie Octobre relembra: "a transmissão não é a reprodução idêntica dos comportamentos de uma geração a outra (caso contrário, a cultura não poderia ser viva). Ela pressupõe um processo de reapropriação, uma ação dos herdeiros que também sempre é uma transformação: essa transformação pode se materializar graças a um deslocamento dos conteúdos consumidos, das modalidades de consumo que integram inovações tecnológicas etc.".[211] Ela observa que, na França, as transmissões culturais no seio das famílias permanecem eficientes, mas que os objetivos dos pais não são os mesmos. Hoje, eles desejam proporcionar uma grande liberdade a seus filhos, em famílias que se assemelham mais a ágoras.

Os raros sociólogos que, como ela, interessaram-se pela cultura das crianças, notaram a complexidade do jogo entre a família, a escola e o grupo de pares na formação de seus gostos. Eles destacaram a importância do papel da família, mas insistiram no fato de que a transmissão cultural não pode ser reduzida a um projeto educativo explícito que os pais implementariam. É muito mais um caso de "clima familiar", de impregnação. O que se transmite é um vínculo, uma atitude. "Meu pai me mostrou que a música era necessária; ele não me ensinou, ele a contou para mim": o que o barítono Ludovic Tézier diz sobre a música vale para a pintura, a dança,

[211] Sylvie Octobre, "Pratiques culturelles chez les jeunes...", *op. cit.*

o teatro ou a leitura. Os frequentadores habituais de museus, concertos, espetáculos de arte dramática ou livrarias são, em grande medida, pessoas que cresceram em ambientes nos quais lhes foi contado e demonstrado, dia após dia, que esses espaços culturais eram "necessários". A mesma força desses climas próprios às famílias explica por que a generalização da elevação do nível de instrução não acarretou um desenvolvimento das práticas de leitura ou um aumento consequente na frequentação de teatros, museus ou casas de concerto.

Na verdade, o que mais se transmite, aparentemente, é a "postura de recuo". Ou a ambivalência. Pois o mundo da escrita sempre foi e ainda é, em muitas famílias, tão temido, e até mesmo odiado, quanto desejado. Uma vez que a cultura escrita foi por muito tempo, ou continua sendo, privilégio dos dominantes, apropriar-se dela pode ser sentido como uma traição de seus próximos e de si mesmo — particularmente quando a aquisição da escrita obriga a renunciar à língua materna e à cultura em que se cresceu. Muitos professores bateram de frente com a resistência, o muro de silêncio (ou de alarido) que lhes opunham aqueles a quem tentavam inculcar a leitura e a escrita. A extensão da escolaridade não resolveu, em uma geração, essas relações complexas em que as famílias transmitem, às vezes sem saber, aquilo que elas não teriam desejado repassar, ao menos conscientemente: seu medo de que os filhos se afastem deles ou o peso de suas próprias lembranças escolares, por exemplo. Se alguém sustenta um discurso para afirmar o quanto a leitura é preciosa, mas seu corpo, seus gestos ou entonações traem o profundo mal-estar ou o tédio que de fato lhes causa essa atividade, é isto que as crianças ouvirão. Mais ainda em uma época na qual se observa uma lenta erosão do interesse pela cultura livresca que, em diversos graus, afeta o conjunto das categorias sociais.[212]

---

[212] Olivier Donnat, "La lente dévaluation des formes culturelles lit-

E na qual os mais carentes têm frequentemente a impressão de que a escola, e tudo o que está associado a ela, os embalou com ilusões, sem ser capaz de assegurar um futuro para seus filhos.

As contradições entre os pais expõem também certas crianças a conflitos de lealdade nos quais as identificações sexuadas têm um papel: na França, como em muitos países, se apenas um dos pais tem o gosto da leitura, há grandes chances, hoje, de que seja a mãe; dessa forma, poderá ser mais difícil para um menino se assumir como leitor. Inversamente, as pesquisas mostram que "uma criança cujos pais leem com frequência tem mais do que o dobro de chances de também ler bastante do que uma criança da qual apenas um dos pais lê com frequência".[213] Para essa atividade (o que não é o caso para todas), a eficácia da transmissão dependeria da intensidade do investimento dos dois pais — mesmo que sejam as mães, mais do que os pais, que transmitem o gosto da leitura às crianças dos dois sexos. Ainda é preciso que essa intensidade não se traduza em pressão, a qual, por sua vez, tem todas as chances de surtir o efeito inverso ao esperado, pois a criança não sente que tem espaço o bastante para experimentar o menor desejo... É provavelmente por isso que os filhos únicos teriam maior tendência a recusar o modelo parental:[214] eles devem carregar todo o peso das ex-

téraires et artistiques", em Christophe Evans (org.), *Lectures et lecteurs à l'heure d'Internet*, *op. cit.*, p. 15.

[213] Sylvie Octobre e Yves Jauneau, "Tels parents, tels enfants? Une approche de la transmission culturelle", *Ophrys/Revue Française de Sociologie*, 2008/4, vol. 49: <http://www.cairn.info/revue-francaise-de-sociologie-2008-4-page-695.htm>.

[214] *Ibid.* Ver também Anne Jonchery, "Enfants et musées: l'influence du contexte familial dans la construction des rapports aux musées pendant l'enfance", em Sylvie Octobre (org.), *Enfance et culture: transmission, appropriation et représentation*, Paris, Ministério da Cultura e da Comunicação francês, DEPS, 2010, p. 70.

pectativas, conscientes e inconscientes, daqueles e daquelas que os criam.

Mas mais precisamente, como os pais mostram a um menino ou uma menina que uma prática cultural é "necessária" à vida, para retomar a expressão de Tézier? É preciso usar objetos ou equipamentos, mas também compartilhar e talvez, principalmente, atribuir um sentido a essa atividade. Assim, quanto à formação do gosto pela leitura, as pesquisas dão destaque à importância da presença de livros na casa, sobretudo no quarto da criança. Todavia, essa presença parece ter uma influência positiva sobretudo se o livro vive com a família e constitui especialmente um objeto de conversas e partilhas. A capacidade de estabelecer com os livros uma relação afetiva, emocional, e não somente cognitiva, parece determinante. A esse respeito, o papel das leituras oralizadas foi muitas vezes sublinhado, sem ser de fato explicitado: nos anos 1990, o sociólogo François de Singly constatara que o peso dos grandes leitores era duas vezes maior entre os jovens que haviam se beneficiado de histórias contadas por sua mãe todos os dias do que entre os que não ouviram nenhuma (seria preciso estabelecer qual a situação hoje em dia). O fato de ver os pais lendo também foi frequentemente mencionado. Quanto a isso, os pesquisadores falam de "exemplo parental", de "mimetismo" ou de transmissão por "imitação". Todavia, essas expressões não elucidam grande coisa: as crianças veem todos os dias seus pais se dedicarem a mil atividades, como arrumar a cama, por exemplo, sem sentir vontade de imitá-los por causa disso.

## No cerne do desejo de ler, a busca de um segredo

É aí que a atenção dada à experiência singular das pessoas que tomaram gosto pelos livros provavelmente pode nos ensinar um pouco mais. Consideremos primeiro esta questão: o que acontece quando um menino ou menina vê sua mãe ou seu pai lendo? Poucas pessoas guardaram uma lembrança precisa da cena. Em entrevistas, a maioria não vai além de frases como: "Eles nunca me obrigaram, mas de tanto vê-los...". Depois de estudar, nos anos 1990, um *corpus* de autobiografias de leitores redigidas por estudantes de língua e literatura, Erich Schön escreveu: "Quando viam seus pais ou outros personagens importantes para eles absorvidos em um livro, eles os invejavam, diziam-nos".[215] Mas o que eles invejavam exatamente?

Quando ouvi homens e mulheres de diferentes meios sociais, diferentes países e diferentes gerações compartilharem suas histórias como leitores — fossem eles grandes ou pequenos leitores — uma parte evocou espontaneamente, de maneira detalhada, cenas que lhes apareciam como momentos fundadores do gosto que desenvolveram, em seguida, pelos livros.[216] Reencontrei essas cenas em memórias transcritas por escritores, lidas em contraponto às entrevistas que eu realizava. Professores ou bibliotecários também contribuíram enviando-me autobiografias de leitores redigidas por eles.

Toda lembrança é, evidentemente, muito seletiva (Nooteboom chega a escrever que "a lembrança é como um cão que se deita onde bem entende");[217] toda lembrança é uma

---

[215] Erich Schön, "La 'fabrication' du lecteur", em Martine Chaudron e François de Singly (orgs.), *Identité, lecture, écriture*, Paris, BPI/Centre Georges Pompidou, 1993, p. 24.

[216] De maneira semelhante, a antropóloga Béatrice Waty observa: "Interrogados a respeito de suas preferências e disposições culturais, os adultos frequentemente fazem remontar sua origem a emoções da infância, mesmo que uma tal reconstrução do passado possa parecer idealizada". "De l'imaginaire en action: la culture pratiquée par les 3-6 ans", em Sylvie Octobre (org.), *Enfance et culture*, *op. cit.*, p. 41.

[217] Cees Nooteboom, *Rituels*, Paris, Folio-Gallimard, 2006, p. 13 [ed. bras.: *Rituais*, Rio de Janeiro, Nova Fronteira, 2008].

reconstrução, um pequeno romance graças ao qual damos sentido, posteriormente, a tudo o que vivemos. Todavia, algumas das cenas que retornam ao espírito durante uma entrevista, ou que surgem no momento da escrita de um texto autobiográfico ou autoficcional, sugerem pistas para melhor delimitar como teria surgido esse desejo de mergulhar nos livros e se apropriar da cultura escrita. Nesse sentido, elas completam as pesquisas que ficam devendo quando se trata de explorar mais detalhadamente certos processos. Mas essas cenas são necessariamente datadas, já que foram recolhidas junto a adultos ou, às vezes, adolescentes. Elas remetem particularmente a tempos em que as "novas telas" ainda não tinham invadido nossas vidas. Será que elas são obsoletas por causa disso ou permaneceriam operantes hoje em dia?

Em um texto intitulado "O cavaleiro das urzes",[218] o escritor espanhol Gustavo Martín Garzo relata uma lembrança que é como a cena inaugural de sua vida de leitor. Aos seis anos, ao voltar da escola, ele entra em casa e constata a obscuridade, o frescor, o silêncio "profundo, misterioso, como que animado por uma respiração imperceptível", que contrastam com a rua. Ele procura a mãe e a encontra na cozinha, sozinha, lendo, "no meio de um círculo encantado". A criança fica ali, fascinada pela visão de sua mãe que, percebendo sua presença, acaba lhe dizendo que está lendo um livro de amores frustrados, intitulado *O cavaleiro das urzes*.[219] Todavia, ele observa, seu rosto cintilava como se ela lhe escondesse algo que tinha a ver com os segredos mais profundos de sua vida. E ela leu para ele em voz alta um trecho que

---

[218] "El caballero de los brezos", em *El hilo azul*, Madri, Aguilar, 2001, pp. 21-31.

[219] Trata-se de um romance sentimental — com muitos traços de *O morro dos ventos uivantes* (1847), de Emily Brontë (1818-1848) — de María Luisa Villardefrancos (1915-1975), escritora espanhola bastante popular e convencional, autora de mais de 250 obras. (N. da T.)

descreve o corpo e o rosto de uma jovem. Diversas vezes, o menino surrupiaria *O cavaleiro das urzes* ou outros romances para ler escondido, em um quartinho sob a escada, sem conseguir desvendar seu mistério, encontrar nele próprio esse arrebatamento, essa perturbação que viu no rosto de sua mãe: "Busco essa emoção, o sentimento de estar atravessando uma fronteira, mas não a encontro".

A experiência que sua mãe vivera lhe escaparia por muito tempo; é apenas uma década mais tarde, ao ler *O capitão Tormenta*,[220] que caíra em suas mãos, que surgiria em torno dele aquele "círculo de giz da adivinhação e do pensamento" em que tantas vezes vira sua mãe envolvida. É porque esse livro contém uma surpresa: o capitão valoroso é uma moça que, na intimidade de sua tenda, se desfaz da armadura que esconde dos olhares a realidade proscrita de seu sexo.

No cerne de toda história, sugere o escritor, está a revelação de um corpo livre, imprevisível; e no cerne de toda leitura, a busca de um segredo relacionado ao amor, ao desejo, e também, por vezes, ao primeiro ser amado. Em sua opinião, as leituras de Martín Garzo, na verdade, não passariam de uma tentativa de elucidar o mistério da cena primitiva: "A partir daquele momento, aqueles livros são aquele que ela lia. Todos os livros são *O cavaleiro das urzes*. Eu o peguei em segredo (e durante algum tempo, nada me agradou tanto quanto roubar os livros que eu queria ler) e eis-me novamente escondido no quartinho debaixo da escada. Para mim ler é isso: estar escondido. Todos os livros são esse livro único, e me inclino sobre suas páginas tentando adivinhar os pensamentos de minha jovem e bela mãe".

O que conta Martín Garzo, e o que reencontrei diversas vezes em outras cenas evocadas por leitores (como por exem-

---

[220] Romance de aventuras, publicado em 1905, do escritor italiano Emilio Salgari (1862-1911). (N. da T.)

plo a cena evocada por Anibal Luis Meléndez, evocada anteriormente),[221] é que o gosto pela leitura nasceria frequentemente do desejo de roubar o objeto que arrebatava o outro para juntar-se a ele, conhecer seu segredo, tomar posse do poder, do encanto que lhe atribuíamos, quando ele — ou ela, pois muitas vezes tratava-se da mãe — estava ali, inacessível, distante, perdido(a) em seus devaneios.

Seria fácil ironizar argumentando que em nossa época há muito mais chances de encontrar sua mãe lendo torpedos ou consultando o perfil no Facebook do que mergulhada em uma história de amores frustrados. A busca de um segredo, provavelmente muito ativa no desejo de ler livros até agora, não deve ser menos intensa, mas ela provavelmente incita a interrogar diferentes objetos que fascinam os pais. O que pouco muda, por outro lado, é que hoje, como ontem (ou mais que ontem), nem todo mundo tem a oportunidade de encontrar a mãe lendo livros, de poder escondê-los em sua própria casa, de manipulá-los desde a mais tenra idade. Para quem cresce em um meio pobre, tudo pode até mesmo se combinar para dissuadir a leitura: pouco ou nenhum suporte escrito na casa ou no bairro, uma dúvida quanto à "utilidade" da leitura, uma preferência dada às atividades coletivas mais do que a prazeres considerados "egoístas", a ideia de que se trata de uma atividade própria a outros grupos sociais ou — se for um menino — reservada às mulheres etc.

Todavia, mesmo nesses meios, existem famílias em que o gosto ávido pela leitura transmitiu-se de uma geração a outra, frequentemente pela mãe, às vezes pelo pai, quando este era um autodidata, ou por ambos. E mais ainda que a presença de livros em casa, mais que o nível escolar atingido pelos pais, o interesse profundo que eles dedicavam aos livros, sua relação de desejo para com esses objetos foi o que facili-

---

[221] Ver *supra*, pp. 77-8.

tou a abertura de um caminho para a leitura. Foi um pouco a maneira como sua mãe dedicava atenção aos livros que intrigou Patrick Chamoiseau em sua infância:

> "Haviam-me aterrorizado com contos, ninado com cantigas, consolado com cantos secretos, mas, naquele tempo, os livros não eram para crianças. Assim, eu estava sozinho com aqueles livros adormecidos, inúteis, mas que eram objeto das atenções de Man Ninotte [sua mãe]. Foi o que me alertou: Man Ninotte lhes dedicava interesse, embora não tivessem nenhuma utilidade. Eu a via usar arames, pregos, caixas, garrafas ou pulverizadores, mas jamais a vi utilizar aqueles livros que ela tratava com carinho. É o que eu tentava compreender, manipulando-os sem fim. Eu me maravilhava com sua complexidade bem-acabada, cujas razões profundas me escapavam. Eu os carregava de virtudes latentes. Eu suspeitava de sua potência."[222]

Ainda uma vez, é por representarem uma passagem para um terreno misterioso, para os arcanos do poder, que os livros tornaram-se desejáveis. Mas é também porque, desde cedo, "cantos secretos" entoados por vozes amorosas e cantigas misturadas a gestos de ternura rodearam a criança. Como vimos anteriormente, todos os especialistas da primeira infância destacaram a importância dessas trocas precoces para o despertar sensível, intelectual e estético das crianças e, em particular, da capacidade que têm as pessoas que as criam de se entregar, na companhia delas, a um uso ficcional e gratuito da língua, no qual se alternam canções, cantigas, confidências etc. Eles também chamaram a atenção, recen-

---

[222] Patrick Chamoiseau, *Écrire en pays dominé*, Paris, Gallimard, 1997, p. 31.

temente, para os perigos ligados à exposição das crianças muito pequenas à televisão e aos DVDs, como escreve Serge Tisseron:

> "Antes da idade de três anos, as telas não interativas, ou seja, a televisão e os DVDs, não têm nenhum efeito positivo, mas antes efeitos negativos comprovados. Por outro lado, os *tablets* táteis permitem à criança pequena exercer formas de inteligência baseadas no gesto, no tato e na interação. Ainda assim, esse tempo com o *tablet* precisa ser acompanhado por um dos pais, em períodos curtos como quinze minutos, e de maneira complementar a todas as outras atividades tradicionais da criança. [...]
>
> O mais importante, nessa idade, continua a ser a construção de referências espaciais com brinquedos que implicam todos os sentidos e a construção de referências temporais com histórias contadas à criança."[223]

Não se trata de demonizar o uso das telas, mas de lembrar que as crianças pequenas necessitam de brincadeiras nas quais seu corpo esteja envolvido e nas quais elas ocupem diversos lugares e papéis, desenvolvendo o sentido da empatia. Tisseron insiste no fato de que "o consumo da tela mobiliza uma certa forma de inteligência, mas o fato de contar o que se viu mobiliza uma outra forma de inteligência narrativa, muito próxima do livro". E especifica que "será muito mais

---

[223] Entrevista publicada em: <http://www.lemonde.fr/technologies/article/2013/01/23/il-faut-donner-a-l-enfant-un-temps-global-d-ecran-par-jour_1821463_651865.html>.

Ver também Linda Pagani e outros, "Prospective Associations Between Early Childhood Television Exposure and Academic, Psychosocial, and Physical Well-being by Middle Childhood", *Archives of Pediatrics & Adolescent Medicine*, vol. 164, nº 5, 2010, pp. 425-43: <http://archpedi.jamanetwork.com/article.aspx?articleid=383160>.

fácil para uma criança limitar seu tempo diante da tela se ela vir seus pais fazerem o mesmo".

O gosto pela leitura depende, em grande medida, não somente do interesse que os próprios pais exprimiram pelos suportes escritos, mas ainda, antes disso, dessas trocas que a pessoa que administra os cuidados maternos teve com a criança, nas quais o registro afetivo, a solicitação do corpo e o jogo da linguagem, conduzido pelas mudanças de ritmo e das entonações da voz, estão estreitamente entrelaçados.

## A voz antes das letras

Uma outra cena retorna frequentemente nas lembranças que compilei, na qual justamente a voz tem o papel central. Pensemos, por exemplo, em Silvia Seoane, mencionada no início deste livro, que evocava na Argentina os momentos em que sua mãe, alimentada pelo *Tesouro da Juventude* e por algumas epopeias familiares, tecia a cada noite, de maneira ritual, narrações que transfiguravam o cotidiano e lhe emprestavam uma dimensão poética, com árvores de chocolate e cascatas de Fanta Laranja.[224] Silvia pensava que essas narrativas tinham saído de um livro que era a "fonte" de todas as histórias. E, em suas palavras, percebemos que elas têm a ver com a voz, mas também com os primeiros alimentos recebidos pela criança.

Com tantas variantes quanto existem sujeitos singulares, uma cena semelhante na qual a voz é essencial retorna em numerosas lembranças evocadas pelas pessoas que tomaram gosto pelos livros, de diferentes gerações e diferentes países. Ora a história era lida, ora contada, mas, nesse caso, a criança teria sentido que aquelas narrativas não haviam sido in-

---

[224] Ver *supra*, pp. 20-1.

ventadas pelo adulto, e sim que este emprestava sua voz a histórias que tinham uma existência própria — assim como Silvia as imaginava saídas do *Tesouro da Juventude*. O narrador às vezes abria ele próprio uma porta para os livros, como uma avó que terminava suas histórias dizendo que elas não eram nada em comparação com o que estava abrigado nos livros.

Na França, é quase sempre a mãe quem lê ou conta histórias. Na Espanha, na Itália, na Argentina, no México, é também o pai, a avó, às vezes o avô, uma parente ou babá à qual a criança é confiada. Às vezes, a criança e o adulto folheiam livros lado a lado e leem em voz alta alternadamente, ou é a criança que lê para o adulto. Ou ainda eles escutam juntos histórias lidas no rádio ou gravadas. As leituras compartilhadas ocorrem frequentemente antes de dormir e ajudam a atravessar a noite, mas também podem ocorrer em pleno dia.

O que se repete é a menção a algumas palavras misteriosas, incompreensíveis, que teriam aguçado a curiosidade, a fascinação pela linguagem.[225] E também a origem desconhecida, enigmática, para a criança, das narrativas. E ainda a associação com alimentos, muitas vezes líquidos e doces —

---

[225] Isso também vale frequentemente para a leitura silenciosa, como observa por exemplo Siri Hustvedt: "[Minha mãe] me deu as *Canções da inocência e da experiência*, de Blake, quando eu tinha onze anos. Eu não compreendia aqueles poemas, mas eles me fascinavam tanto quanto *Alice no País das Maravilhas* me fascinara, e eu os li e reli com uma mistura de horror e de prazer. Ela também me deu Emily Dickinson, mais ou menos à mesma época, sob a capa verde de uma coleção de poemas célebres, e eu repetia esses poemas para mim mesma em estado de transe. Eles me pareciam secretos, estranhos e íntimos. Acho que era a sonoridade deles que eu adorava. Eu mastigava as palavras de Blake e de Dickinson como alimentos. Eu me nutria delas, embora sua significação me escapasse". Em *Plaidoyer pour Eros*, Arles, Actes Sud, 2009, pp. 38-9. Aqui, mais uma vez, a leitura é um prazer da boca...

o leite para um, o chocolate para outro, o chá com mel para um terceiro.[226]

Todos os bebês sabem disso: um livro é para pôr na boca, e é por isso que, no espaço *Espantapájaros*, onde acolhe crianças pequenas em Bogotá, Yolanda Reyes montou uma estante para "os livros mais mordidos do mês".[227] Os bibliotecários também sabem disso e, em toda parte, exploram a metáfora culinária: nem posso mais contar os "cardápios" que já me deram em bibliotecas, propondo entradas, pratos principais e sobremesas, a tal ponto, ouso admitir, que às vezes fico até meio enjoada. Quando a leitura é demasiado puxada para esse lado, corre o risco de tornar-se sufocante. Se a "fonte", o seio materno, for demasiado sugerido, se tentam à força enfiá-lo em nossa boca, nos afastamos dele — principalmente quando se é adolescente.

De resto, voltemos ao que contava Silvia Seoane: o que domina não é o prazer de um retorno ao ventre materno. Com suas narrativas que davam nome e faziam viver todas essas pessoas, o ancestral carabineiro, o tio Oreste, os avós professores ou Pedro que capturava o lobo, a mãe, ao contrário, abria o lugar do Outro. Ela introduzia a menininha à época histórica em que viviam seus avós, bem como a tempos lendários e a um espaço imenso que ia até a Patagônia e a Rússia.

O que encontramos em muitas cenas consideradas "fun-

---

[226] Quando comecei a ouvir as pessoas me falarem de suas leituras, logo me surpreendi com a abundância das metáforas orais: "Li até matar a sede", "devorei tudo", "degustei", "é como uma guloseima", "estou me esbaldando", "gostaria de provar de tudo", "tem gente que assalta a geladeira, eu assalto a biblioteca", "sem ler, a gente morre, é o alimento da vida". É uma história velhíssima. Michel Melot aponta que "na maior parte dos mitos que tratam da origem das escrituras, as letras devem ser absorvidas". E que o aprendizado da Torá era realizado com uma lousa untada de mel que a criança lambia, em *Livre*, *op. cit.*, pp. 180-2.

[227] Ver <http://www.espantapajaros.com/index.php>.

dadoras" do gosto de ler por aqueles que as evocam é algo paradoxal, um momento em que se celebrava o fato de estar juntos, uma intensidade de emoções compartilhadas, uma proximidade carnal, a carícia da voz sobre o corpo, e em que se experimentava, *simultaneamente*, um certo distanciamento. Uma outra dimensão, um "longe", um outro tempo, outros mundos se revelavam: havia também uma promessa de autonomia. Se os livros foram associados a esses momentos, seja porque o adulto buscava ali as histórias que lia, seja porque a criança tenha imaginado que as narrativas provinham deles, há grandes chances de que eles se tornem os objetos de escolha para reencontrar, na infância e além, aquele tempo em que as palavras ainda estavam impregnadas com a presença dos seres e das coisas, graças à sua materialidade sonora e sua capacidade de intrigar, não somente seu significado; e todo um mundo de possíveis que se abria.

Assim, a leitura em voz alta teria sido, até uma época recente, uma das grandes vias de acesso ao desejo de ler, uma das cenas fundadoras de uma avidez pelos suportes escritos (vivida com uma intensidade variável conforme os momentos da vida, e não necessariamente no imediato). Provavelmente ela o é ainda hoje, mas sob certas condições: que a criança sinta que o adulto deseja compartilhar algo que lhe é caro, que lhe dá prazer (se o adulto lê unicamente porque acha que é "correto" ou porque será útil na escola, sem ter gosto pela coisa, não dá certo); que a criança, principalmente se for muito jovem, possa se mexer se tiver vontade, pois é nos momentos em que se separa do corpo do adulto que ela se apropria de sua voz e daquilo que é lido; que ela faça o uso que quiser daquilo que ouvir, no segredo de seu devaneio, sem que se controle esse uso, sem que se pergunte constantemente se ela "entendeu direitinho"; e que o adulto não se ponha muito em destaque, mas empreste sua voz ao texto ou à lenda, assuma o papel de transmissor — e preserve assim o lugar do Outro, do terceiro.

## Recriar um clima propício à apropriação da palavra escrita

Esse clima próprio a certas famílias em que as crianças estabelecem com os livros uma relação afetiva, sensível, e não somente cognitiva, se aproxima bastante daquele recomposto pelos mediadores culturais cujo trabalho estudei, em contextos distantes da escrita. Em oficinas, eles se dedicam a criar situações de afortunada oralidade que permitam uma travessia, um desvio por esse tempo em que as palavras são mascadas, mordidas ou bebidas como leite ou mel, abrindo-se ao mesmo tempo para outros mundos, outros possíveis. E eles o fazem com certo sucesso, o que leva a pensar que essas cenas são sempre ativas: não que, depois disso, os participantes se tornem obrigatoriamente leitores regulares, mas sua relação com os suportes escritos se modifica.

Muitos desses transmissores trabalham com crianças muito pequenas e seus pais, porque em toda parte estamos cada vez mais conscientes da importância dos intercâmbios culturais precoces para o devir psíquico e intelectual; cada vez mais preocupados, também, em construir vínculos desde cedo com as famílias, a fim de que estas não temam que a cultura escrita carregue seus filhos para um mundo estrangeiro do qual elas se sentiriam excluídas. Outros mediadores arriscam-se nesse exercício junto a adolescentes ou adultos de todas as idades. Tanto uns quanto outros utilizam frequentemente um dispositivo muito simples em aparência: um mediador caloroso propõe suportes escritos às pessoas que habitualmente estão distantes deles; ele lê em voz alta; depois surgem narrativas, ou uma discussão, ou ainda o silêncio.

A arte desses mediadores é também uma arte de acolhimento, de disponibilidade. "O que me permitiu continuar foi o olhar, foi a escuta, foi o fato de que se interessam por você", diz Mounir Hamam, que participa de oficinas de leitura em voz alta no norte da França. "Você vem do colégio e é considerado um pirralho. Você vai a uma oficina e só falta te tratarem de 'Senhor'!" E especifica: "Uma leitura sem olhar é uma leitura esquelética, mal compreendida pelo espectador".[228] Como ele nota, o que é oferecido aos participantes é, antes de tudo, um olhar, uma escuta, uma atenção delicada, uma atitude que é feita ao mesmo tempo de bondade e distância, de abertura à singularidade de cada um e de respeito à sua intimidade. Nesses grupos pequenos, cada pessoa é considerada um sujeito a quem se dá mostras de uma confiança em suas capacidades e competências, que são valorizadas. As palavras, os ritmos ou as culturas próprias a uns e outros são respeitadas. A escolha das obras propostas é muito bem pensada. Os mediadores observam detalhadamente o desenrolar das oficinas (assim como o que eles mesmos sentem) e elaboram sua reflexão escrevendo e confrontando suas experiências com os outros.

Em qualquer idade, graças a esse dispositivo, a criança dentro de cada pessoa é sensibilizada. Assim, Danielle Demichel observa, a respeito de uma mulher que participou de um evento organizado pela ACCES[229] no berçário da casa de detenção de Fleury-Mérogis:[230] "De uma só vez, toda a sua

---

[228] "La lecture à voix haute: ancienne pratique ou nouvelle mode?", Roubaix, 14 e 15 de setembro de 2006, jornadas de estudos organizadas pela Midiateca de Roubaix junto com a MédiaLille (Université de Lille 3): <http://www.mediathequederoubaix.fr/fileadmin/user_upload/article/Publications/Actes_lecture_voix_haute_roubaix.pdf>.

[229] Actions Culturelles Contre les Exclusions et les Ségrégations. Fundada em 1982 por Marie Bonnafé, René Diatkine e Tony Lainé, a ACCES disponibiliza livros para crianças pequenas e suas famílias em meios economicamente desfavorecidos. A associação privilegia as leituras individuais junto de um pequeno grupo (ver *La Petite histoire des bébés et des livres*, Paris, ACCES, 2007).

[230] O presídio de Fleury-Mérogis, ao sul de Paris, é a maior casa de detenção da Europa. (N. da T.)

infância aflorou. E ela começou a cantar, pois tinha reencontrado todo um aspecto de sua infância que esquecera. Bastou que uma delas tivesse vontade de cantar e todas foram contagiadas".[231] Ouvi histórias parecidas na Argentina e na Colômbia: oficinas em que os contos tinham um papel essencial haviam permitido que as mulheres reencontrassem lendas ou cantos esquecidos de sua própria infância e que inventassem outros, os compartilhassem, evocassem situações felizes ou dolorosas que viviam com seus bebês. E que tivessem pouco a pouco vínculos afetivos e simbólicos mais ricos com eles.[232]

Assim, às vezes os adolescentes reencontram uma proximidade com a infância durante sessões de leitura oralizada, a ponto de alguns deles se deitarem em posição fetal enquanto escutam — isso me foi relatado diversas vezes, em diferentes países. Todavia, nem todos se entregam facilmente a tal regressão. Esse eco dos primeiros anos pode, ao contrário, engendrar uma rejeição quase fóbica em certos meninos, como se tentássemos trazê-los de volta às saias da mãe. Para alguns deles, essa rejeição chega a ser a contrapartida do sucesso que os livros tiveram na infância: "Eu não leio mais, já sou grande!". Ainda mais porque a adolescência é o momento em que a influência dos pares é muito sensível, principalmente quando a identidade sexual está em questão. Ora, como muitas outras práticas culturais "legítimas", a leitura parece incompatível com a ideia que muitos meninos fazem da masculinidade, particularmente nos meios populares. Em categorias mais abastadas, é a idade em que muitos daqueles que tinham familiaridade com os livros afastam-se deles para privilegiar outras atividades (mesmo que redescubram

---

[231] Citado no filme dirigido por Marie Desmeuzes, *Les Livres c'est bon pour tous les bébés*.

[232] Ver Michèle Petit, *L'Art de lire...*, *op. cit.*

essa prática mais tarde, sobretudo quando eles próprios tiverem filhos).

É também o período em que os adultos são mais inábeis, mas ainda assim alguns deles conseguem tornar a apropriação de textos escritos mais desejável. Em oficinas de escrita realizadas com escritores ("Quando fazemos escrever, devolvemos ordem às coisas", diz François Bon)[233] ou, ocasionalmente, em clubes de leitura. Com teatro, uma arte do espetáculo, voltarei a esse ponto. Ou incitando (sutilmente) os jovens a se tornarem eles próprios transmissores para outros, sob diferentes formas que incluem às vezes o uso das tecnologias digitais. Pois no mundo inteiro, uma parte deles gosta de transmitir, de dar aos outros aquilo de que eles próprios não puderam se beneficiar.[234]

Além dos adolescentes, a arte da mediação supõe um trabalho sobre si mesmo, sobre seu lugar, sobre sua própria relação com os livros ou obras de arte, para que aqueles a quem nos dirigimos não se digam: "Mas o que esse cara tem? Por que ele quer me fazer ler (ou escrever, desenhar, dançar...)?". E sobre sua relação com os outros. Essa arte talvez seja, antes de tudo, saber escutar, observar e receber, e isso me faz pensar, em particular, no trabalho realizado por Marie-Ange Bordas.[235] Onde quer que ela vá, ao Brasil, à Co-

---

233 Ver <http://www.tierslivre.net/spip/spip.php?article3811>.

234 Ver, por exemplo, as oficinas desenvolvidas por A Cor da Letra, no Brasil (cf. *L'Art de lire...*, *op. cit.*, pp. 27-32). O prazer de compartilhar também assume hoje, evidentemente, a forma da autoria de blogs (extremamente numerosos, por exemplo, no caso dos mangás) ou de conversas em redes sociais.

235 Ver <http://www.marieangebordas.com>, <http://marieangebordasupdates.blogspot.com.br/>, <http://www.revistaemilia.com.br/mostra.php?id=153> e a reportagem <http://infosurhoy.com/en_GB/articles/saii/features/society/2012/03/26/feature-02>.

lômbia, à África, ela começa por compartilhar o cotidiano das pessoas, viver junto delas, recolher as histórias que lhe contam ou pedir às crianças para fazê-la descobrir o lugar em que vivem, seu rio, seus pássaros, suas plantas... Elas são, em seguida, associadas à concepção e à realização de um livro no qual as lendas compiladas figurarão ao lado de ilustrações, combinando desenhos e fotos realizados junto com elas. O que é digno de nota é a beleza desse objeto, a elegância de sua diagramação: é de fato uma obra de arte. A cada página, as vinhetas documentárias permitem compreender melhor a significação ou a ressonância de cada lenda. Certas vezes, quando é possível imprimi-lo, o livro será vendido e proverá uma renda à comunidade. Quando muda de lugar, Marie-Ange não se repete, ela inventa outra coisa: na Colômbia, ela traça com as crianças um grande mapa do lugar, enfeitado com múltiplos desenhos; com populações deslocadas na África do Sul ou em campos de refugiados no Quênia, a fotografia, o vídeo, as instalações ou a confecção de casinhas em miniatura são privilegiados. O que permanece: um grande respeito e uma imaginação sempre reavivada, renovada.

A arte da mediação exige ainda que esta seja viva. E nesse caso penso em Juan Groisman, um jovem argentino que me disse, a respeito dos adolescentes que frequentavam a oficina de literatura que ele oferecia em um instituto de detenção para menores: "No início, acho que eles vinham por nossa energia, nosso desejo, era isso que vinha em primeiro lugar". Nos últimos anos, encontrei muitos homens e mulheres exímios nessa arte junto a crianças e adolescentes que cresceram muito longe dos livros. Graças a eles, compreendi que suscitar o desejo de se apropriar da palavra escrita é uma questão de predileção pessoal do mediador pela leitura; de disponibilidade para o outro, de observação e de aptidão a se interrogar sobre si mesmo, sobre suas maneiras de trabalhar; de reflexão, de conhecimentos e de intuição quando se trata de sentir quais são as obras que falarão a uma pessoa ou outra; mas também de qualidade de presença, de energia, de desejo, de vida. De corpo.

## Escrever ou ler começa no corpo

Quando tinha por volta de trinta anos e não se sentia mais capaz de escrever poemas, Paul Auster assistiu um dia ao ensaio de um espetáculo no qual se alternavam uma demonstração feita por dançarinos, sem música, e um comentário verbal da coreógrafa. Cada vez que os dançarinos punham-se em movimento, ele era tomado por uma sensação de beleza e alegria: "a simples visão daqueles corpos em movimento parecia levá-lo para um lugar dentro de si próprio jamais explorado, e pouco a pouco começou a sentir algo subindo dentro de si, o júbilo elevando-se em seu corpo e chegando à sua cabeça, um júbilo físico que era também mental, um júbilo crescente...".[236] Por outro lado, quando a coreógrafa comentava o que eles tinham feito, suas palavras lhe pareciam incompreensíveis, inúteis, desprovidas de sentido. Em certo momento, ele sentiu-se caindo em um abismo, aquele que separa a vida da capacidade de compreendê-la ou de exprimir sua verdade. Todavia, por razões que ele não consegue desvendar, ao final do ensaio ele não estava mais oprimido pelas dúvidas. Já no dia seguinte, começou a compor um texto que seria a passagem para tudo o que ele iria escrever nos anos seguintes.

Para escrever, diz Auster (e também muitos outros escritores), é necessário caminhar. É o que permite a você

[236] Paul Auster, *Chroniques d'hiver*, Arles, Actes Sud, 2013, p. 244 [ed. bras.: *Diário de inverno*, São Paulo, Companhia das Letras, 2014].

> "[...] ouvir os ritmos das palavras à medida que as vai escrevendo mentalmente. Um pé para a frente, depois o outro, a batida dupla do coração. Dois olhos, dois ouvidos, dois braços, duas pernas, dois pés. Isso, depois aquilo. Aquilo, depois disso. A escrita começa no corpo, é a música do corpo, e ainda que as palavras tenham sentido, ainda que possam às vezes ter sentido, a música das palavras é onde os sentidos começam. Você se instala à escrivaninha a fim de escrever as palavras, mas na sua cabeça você continua andando, sempre andando, e o que você ouve é o ritmo do seu coração, o bater do seu coração."[237]

A grande arte-educadora Mirta Colangelo contou-me que promovera em Cuba oficinas de escrita com um grupo de poetas e artistas plásticos. Com muita frequência, depois de um tempo de escrita criativa, eles lhe pediam para dançar os textos: para todos, tratava-se de puro prazer.

Assim como algumas pessoas têm a necessidade de andar ou de dançar antes de começar a escrever (ou depois de fazê-lo), outros devem reencontrar, para ler, as passagens perdidas entre o corpo e a linguagem, um mundo interior de sensações, um movimento, um ritmo. Sobretudo, talvez, na adolescência. É o que sentem aquelas e aqueles que buscam essas passagens engajando os jovens na produção de uma arte viva — e me inclino a pensar que esse caminho deveria ser oferecido a todos nessa idade.

Como aconteceu com alguns meninos e meninas de dezesseis a dezoito anos que acabavam de chegar à França, em uma aula de recepção destinada a integrá-los ao sistema escolar francês, em um curso técnico profissionalizante. Parte deles viera encontrar sua família, outros tinham chegado so-

---

[237] *Ibid.*, p. 246.

zinhos. Alguns haviam emigrado atravessando mares e desertos e enfrentando, em graus diversos, a violência ou a morte. Na chegada, muitos tinham perdido alguma coisa. Marielle Anselmo, professora de francês, concebeu uma oficina artística em torno de um mito que permitiria trabalhar a perda e sua sublimação, o mito de Orfeu, poeta e músico. Durante sete meses, com uma diretora, um coreógrafo, uma atriz e uma cantora, esses jovens prepararam um espetáculo, parte visível de um importante trabalho de exploração, pesquisa, leitura e escrita:[238]

> "O problema para aqueles que viveram um trauma é que eles não dizem nada. O mito e o trabalho no palco permitiram-lhes dar uma forma àquilo que atravessaram. '*A melhor terapia é a que eles fazem com você*', disse-me a enfermeira do colégio. Outra colega tinha mais reservas, temendo que a história de Orfeu fosse pesada demais. Talvez ela tenha funcionado para alguns e oprimido outros... Houve um momento, no meio do ano, em que tive dúvidas: os alunos manifestavam muitas resistências, sobretudo a subir ao palco, a se expor. Depois, eles entraram no jogo.
>
> Trata-se de fato de um mito difícil: Orfeu perde duas vezes a mulher que ama. Assim, propus a eles que, na redação, inventassem o fim que quisessem. Eles tanto imaginaram diálogos entre Orfeu e Eurídice, como escreveram poemas sobre os animais encantados por Or-

---

[238] Essa oficina foi oferecida no Liceu de Ofícios Charles Baudelaire em Évry com Diane Scott, Catherine Jabot, Olivier Renouf e Lorène Fourmont. O espetáculo foi apresentado no Théâtre de l'Agora, Scène Nationale d'Évry-Essonne. O projeto contou com o apoio do Fundo Social Europeu, da Região Île-de-France e da Prefeitura de Évry: <http://blog.crdp-versailles.fr/cla20122013lpbaudelaireevry/index.php/>.

feu... E nós publicamos tudo isso num blog. Os alunos trabalharam bastante. Houve momentos em que eles não tinham vontade de registrar sua experiência por escrito. Eles adquiriram esse hábito, aprenderam a 'postar' um texto, uma foto. Isso permitiu que eu lhes explicasse que, antes de publicar um texto, é preciso corrigi-lo, pois ele será lido. Pude acompanhar seus progressos no francês.

O trabalho na oficina artística deu-lhes autoconfiança, e eles inventaram outras relações para si. Tornaram-se muito próximos, muito solidários, muito afetuosos. Na noite do espetáculo, para perder o medo do palco, eles fizeram uma dança africana: todos eles deveriam se alternar no centro da roda e dançar.

Quando assisti ao espetáculo, o que mais me surpreendeu foi a graça e a beleza deles. Eles próprios se espantaram ao ver fotos da apresentação. Também na escrita, produziram coisas muito bonitas. Se não houvessem encenado no palco, anteriormente, esse mito magnífico e suas declinações, se não tivessem se apropriado fisicamente desses textos de alto teor literário, não estou certa de que teriam escrito o que escreveram. Uma oficina teatral permite estar presente com o corpo, reencontrar o vínculo primordial entre o corpo e a voz, o dizer, o pensamento — um vínculo frequentemente desmaterializado pelo ensino 'tradicional'.

Do ponto de vista escolar, eles deram um salto. Sete deles puderam integrar uma classe do ensino secundário, o que só havia acontecido com um ou dois nos anos anteriores. Isso vem do fato de que eu acreditei neles, mas também, em grande parte, de sua perseverança, energia e determinação. Eles são exemplos para os outros. Na noite da apresentação, eles conquistaram o respeito dos outros alunos do colégio, que até então os consideravam 'uns jecas'.

> Quero repetir a experiência com outro mito, talvez o de Ulisses. É preciso inventar a cada vez."

Um mito muito antigo e suas múltiplas variantes, o trabalho do corpo e da voz, a escrita, o uso da tecnologia digital para facilitar o estabelecimento de ligações: assim vemos como tudo isso pode se associar de uma maneira feliz. E também com caminhadas: assim como ela lhes apresentou os grandes mitos da cultura ocidental, Marielle também os levou para visitar Paris, consagrando um dia à Antiguidade e à Idade Média, outro aos séculos XVI, XVII e XVIII, e mais um aos XIX e XX; e procurando, em um museu ou outro, traços de Orfeu.

Ela continua: "A equipe artística, liderada por Diane Scott, insistiu bastante junto aos alunos no fato de que, em cima do palco, tudo se vê, que grandes coisas podem ser transmitidas por gestos mínimos. O coreógrafo os fez trabalhar, por exemplo, na tarefa de ajudar a erguer uma pessoa do outro sexo sem brutalidade. Não foi calculado, aconteceu assim". Desse espetáculo a que assisti, guardo justamente a lembrança desses momentos em que um menino erguia uma menina com delicadeza, e depois uma menina ajudava um rapaz deitado, bem mais pesado que ela, a ficar em pé. Era de fato uma educação sentimental que se operava ali.

Nos contextos críticos que estudei, é frequente que os mediadores culturais associem espontaneamente diversas artes que fazem apelo ao corpo (como o teatro ou a dança), a imagem (como as artes gráficas e a escrita audiovisual) e a linguagem verbal (como a leitura, a escrita e as discussões orais).[239] Como se sentissem que era necessário agir simultaneamente em diversos níveis, pelos três caminhos complementares que nos são dados para tomar distância e transfor-

---

239 Ver Michèle Petit, "Lire, écrire, dessiner, danser", em *L'Art de lire...*, *op. cit.*, pp. 165-93.

mar uma experiência e, mais particularmente, uma vivência traumática.[240]

Assim, nas oficinas do Pontes Culturais do Vento evocadas no primeiro capítulo deste livro, a disponibilidade corporal surgiu como um preâmbulo indispensável para o trabalho de escrita e de leitura.[241] Os membros desse grupo argentino citam Graciela Montes: "É a partir do corpo que nascem o mistério e o desejo de decifrá-lo".[242] Eles se inspiraram no Butô, uma dança japonesa próxima da performance, para convidar os adolescentes a se "despir" do corpo cotidiano estereotipado, a abrir mão dos gestos automáticos para deixar aflorar um outro corpo "mais permeável, que lança uma ponte entre as sensações e as palavras". Para não serem percebidas como "ameaças", suas sugestões levam à "ação pura", à vontade de dançar com uma música energética sem se perguntar o que deve ser feito. A princípio coletivas e surpreendentes, elas guiam cada participante a momentos mais íntimos, a brincar de ser fogo, animal ou rochedo, a cair, se levantar, falar em línguas inventadas. Mesmo os coordenadores se lançam nesse jogo, sempre cuidando para oferecer um "continente", no sentido psicanalítico do termo, um clima de confiança, um pouco mágico, diferente dos lugares comuns e que permitirá a cada um "se transformar através das palavras escritas".

Bem longe da Argentina, na Índia, milhares de programas de alfabetização dirigidos às populações rurais são financiados por organizações não governamentais. Eles são centrados na aquisição da leitura, da escrita e dos conhecimentos

---

240 Ver Serge Tisseron, *Comment Hitchcock m'a guéri*, Paris, Albin Michel, 2003, pp. 54-5.

241 Ver Ani Siro, Martín Broide e outros, em *Puentes en el viento*, *op. cit.*

242 Graciela Montes, *La frontera indómita*, Cidade do México, Fondo de Cultura Económica, 1999, p. 67.

básicos. Ora, para esse fim, eles utilizam a dança, a música e o desenho. Eles também envolvem os estudantes na organização e no debate sobre a estrutura de poder na aldeia.[243] Muitos desses programas, observa Martha Nussbaum, são prova de inventividade e imaginação. Ela relembra que Tagore já atribuía uma grande importância ao psicodrama, bem como às peças de teatro que misturam drama, música e dança (que era uma atividade essencial da escola, tanto para os meninos quanto para as meninas).

Da Patagônia à Índia ou nos bairros populares das grandes metrópoles europeias, em lugares nos quais o acesso à língua escrita não é "dado" por transmissão familiar, muitos transmissores descobrem assim a necessidade de reintroduzir o corpo sensível encenando ou dançando. Este, o corpo sensível, foi muitas vezes o elemento impensado da leitura.[244] Todavia, o ponto central talvez seja chegar a despertar o sentimento de que o que está em jogo é também um acordo entre o corpo e aquilo que o rodeia. A respeito de Proust, que "reconduz constantemente seu leitor ao mundo sensível", Marielle Macé escreve: "como se ler consistisse antes de tudo em experimentar uma certa relação do corpo com aquilo que o rodeia: estar dentro, estar fora, unir-se ou separar-se, integrar-se a alguma coisa ou assimilá-la, participar de um círculo, tomar parte nele"...[245]

---

243 Ver Martha Nussbaum, *Les Émotions démocratiques*, *op. cit.*, p. 176.

244 Ver Michèle Petit, "Le corps oublié de la lecture", *Argos*, nº 34, 2004, pp. 55-60: <http://www.educ-revues.fr/ARGOS/AffichageDocument.aspx?iddoc=32221>.

245 Marielle Macé, *Façons de lire...*, *op. cit.*, p. 51.

## 7.
## A EDUCAÇÃO ARTÍSTICA E CULTURAL

> "A repisada oposição entre arte e vida, entre pensar, no sentido mais lato, e viver, não deveria mais existir."
>
> Christian David[246]

Além do "clima" próprio a certas famílias e das experiências inventivas que possam ser realizadas em aulas, oficinas e ateliês, como transmitir em larga escala, de maneira durável, a dimensão sensível, e em parte indizível, das obras literárias e artísticas? Seriam a escola e a biblioteca capazes de se sobressair nesse ponto, de serem espaços passíveis de suscitar o desejo de se apropriar verdadeiramente dessas obras? A questão pode parecer provocadora, já que consideramos que essas instituições, precisamente, devem oferecer a cada pessoa uma chance de adquiri-las.

### O QUE A ESCOLA PODE FAZER?

Todavia... Tzvetan Todorov, que por muito tempo chefiou o Conselho Nacional de Programas (uma comissão consultiva ligada ao Ministério da Educação francês) descobriu ali a que ponto a concepção de literatura subentendida pela teoria do ensino era diferente da ideia que ele próprio fazia de literatura. Para ele — como para muitos leitores ou trans-

---

[246] Prefácio a Michel Ledoux, *Corps et création*, Paris, Les Belles Lettres, 1992, p. 13.

missores culturais que conheci — a literatura ajuda a viver e a dar sentido à nossa vida; ela *diz* a experiência humana, amplia nosso universo, expande ao infinito a possibilidade de interagir com os outros, de pensar e sentir assumindo o ponto de vista deles; ela desperta nossas capacidades de associação, propicia "sensações insubstituíveis que fazem com que o mundo real se torne mais rico em sentidos e mais belo".[247] Os programas oficiais de ensino de francês no colégio, por sua vez, adotam uma abordagem bem diferente, bem mais ascética:

> "Os estudos literários têm como objetivo primeiro fazer-nos conhecer as ferramentas que eles utilizam. Ler poemas ou romances não conduz a refletir sobre a condição humana, sobre o indivíduo e a sociedade, o amor e o ódio, a alegria e o desespero, mas sobre noções críticas, tradicionais ou modernas. Na escola, não aprendemos sobre o que falam as obras, mas sobre o que falam os críticos."[248]

Essa concepção formalista não é vigente apenas na França, e não poupa o ensino dispensado aos mais jovens. Por exemplo, na Colômbia, do outro lado do Atlântico, Beatriz Helena Robledo, que conduziu diversas oficinas baseadas na mediação literária e artística em contextos extremamente delicados, revolta-se contra "esses adultos que debatem a importância do livro, que discutem amedrontados o seu desaparecimento iminente", enquanto eles próprios, com suas atitudes, "vacinam os jovens contra a leitura e contra uma relação feliz com os livros" — como aqueles que "matam"

---

[247] Tzvetan Todorov, *La Littérature en péril*, Paris, Flammarion, 2007, p. 16 [ed. bras.: *A literatura em perigo*, São Paulo, Difel, 2009].

[248] *Ibid.*, p. 19.

os textos que pretendem compartilhar, pedindo que crianças de nove ou dez anos procurem os "actantes" de Greimas, sujeito, objeto, destinador, destinatário, adjuvante, oponente... Para Beatriz, a literatura tem pleno lugar na escola, mas os caminhos que ela propõe seguir são diferentes daqueles que costumam ser traçados.[249]

Mais ao sul, na Argentina, a escritora Ema Wolf também se irrita com a maneira como a escola procede com a análise dos textos, esmerando-se em normalizá-los, em expurgá-los de toda ambiguidade, de tudo o que escapa: "Pouco importa que o texto seja transparente, eles vão cavoucar para olhar o que existe por baixo, vão enfiar o dedo no bolo". Evocando as visitas que realiza nas escolas, ela nota também que, uma vez lidos os textos, as crianças são inevitavelmente postas para trabalhar: "Como se a leitura não pudesse permanecer como pensamento, interioridade, conversa, como se devesse fornecer uma prova física de sua existência, capaz de atestar que ela 'serve'. Pergunto aos professores por que eles mandam os alunos trabalhar depois da leitura, mas nunca encontrei uma resposta satisfatória".[250]

"Porque, sem isso, os pais acham que nós não fazemos nada", comenta uma professora. Ema Wolf prossegue: "Tenho sempre a impressão de que essas práticas me afastam de meus textos e que afastam os leitores de meus livros...". Ela reconhece, entretanto, que a escola tem um papel fundamental na promoção da leitura, mas sofre ao constatar que "alguns de seus métodos parecem às vezes conspirar contra suas próprias intenções".

---

[249] Beatriz Helena Robledo, *La literatura como espacio de comunicación...*, *op. cit.*

[250] Ema Wolf, "Confusiones de una autora ante sus lectores", seminário internacional *La lectura, de lo íntimo a lo público*, XXIV Feria Internacional del Libro Infantil y Juvenil (FILIJ), Cidade do México, 21 de novembro de 2004.

Escrevi em outra ocasião que, no mundo inteiro, muitas pessoas não poupavam essa instituição, considerada responsável pelo desinteresse que teriam sentido em relação às obras que foram obrigadas a reduzir a fichamentos ou a retalhar em pedaços — outras evocam, ao contrário, um professor apaixonado que soubera transmitir-lhes sua curiosidade e alguns de seus gostos.[251] Na França, uma transmissão como essa seria, no entanto, relativamente rara, tanto no domínio literário quanto no da arte. "No Quebec, assim como na França, a escola e o professor raramente são transmissores de paixão", notam Joël Zaffran e Marie-Laure Pouchadon a respeito das práticas culturais em seu conjunto. Eles especificam: "A escola serve frequentemente como um dispositivo de retransmissão para paixões preexistentes. Ela permite diversificar as escolhas do jovem e até mesmo alimentar suas paixões passageiras. Às vezes, ela aparece como um contraponto"...[252] É o que observa Gilles Pronovost: "Sobre um fundo de influência familiar, a escola tem um papel de retransmissor por provocar a retomada das primeiras paixões e alimentá-las através de práticas semelhantes. Ela pode também desempenhar um papel de iniciação a novas atividades, mas, nesse caso, parece que uma espécie de substrato, estabelecido no ambiente familiar, se faz necessário".[253]

Sylvie Octobre observa, por sua vez, que a pedagogização das atividades culturais teria surtido efeitos perversos e raramente serviria para construir um gosto durável por uma atividade. Os esforços da escola para se aproximar dos su-

---

[251] Ver Michèle Petit, *Éloge de la lecture*, *op. cit.*, pp. 125 ss.

[252] Joël Zaffran e Marie-Laure Pouchadon, "La recomposition des pratiques culturelles des adolescents: terrain français, éclairages québécois", em Sylvie Octobre (org.), *Enfance et culture*, *op. cit.*, p. 182.

[253] Gilles Pronovost, com a colaboração de Caroline Legault, "La fabrique moderne de la jeunesse: trajectoires, parcours de vie et invention de soi", em *Enfance et culture*, *op. cit.*, p. 190.

postos interesses das crianças ou dos adolescentes também não teriam sido coroados de êxito. Ela nota assim que "a inserção da literatura infantojuvenil nos programas escolares [não teria] tido os efeitos esperados sobre o apetite para a leitura".[254] De acordo com ela, "o que os jovens adolescentes questionam é o vínculo estabelecido no campo escolar entre cultura e saber. Os benefícios das atividades culturais em termos de conhecimento são raramente considerados por eles como prioritários, ao passo que essas mesmas atividades são principalmente postas a serviço dos objetivos de aprendizado no campo escolar".[255] Desde o maternal, atividades culturais teriam uma intenção essencialmente pedagógica, quer se trate de adquirir vocabulário, de controlar seu corpo ou de aprender a desenhar círculos. "A educação artística, a iniciação das crianças de 3 a 6 anos à ideia de criação ou à emoção estética são apenas marginais nessas práticas", nota Bérénice Waty.[256]

Sem dúvida, a educação artística (incluindo aí a literatura) pressupõe outras mediações, mais próximas das que são desenvolvidas nas oficinas evocadas nos capítulos anteriores. Todavia, dentre aquelas e aqueles que souberam inventar esses outros caminhos, muitos são professores que trabalharam com artistas ou que praticam eles próprios uma atividade artística. Quero dar mais um exemplo, o de um belo programa chamado *Imaginário e jardim*, em Seine-Saint-Denis.[257]

---

254 "Pratiques culturelles chez les jeunes et institutions...", *op. cit.*

255 "Les transmissions culturelles chez les adolescents: influences et stratégies individuelles", em *Enfance et culture*, *op. cit.*, p. 215.

256 "De l'imaginaire en action", *op. cit.*, p. 53.

257 O projeto *Imaginaire et jardin* foi desenvolvido pela Secretaria de Assuntos Culturais e a Secretaria do Meio Ambiente da cidade de Épinay, em parceria com o Ministério da Educação francês, os Centros de Lazer e diversos escritores, artistas e paisagistas. Desde 2005, ele se estendeu às oito cidades da comunidade da aglomeração de Plaine Commune. *Ima-*

Épinay-sur-Seine parecia dar as costas para o rio que figura em seu nome. Ele era ladeado por parques e caminhos de sirga, mas os caminhantes eram raros. Em 1999, Aline Hébert-Matray propôs à cidade que permitisse às crianças se apropriar desse patrimônio explorando as correspondências entre a arte dos jardins, a escrita e a ilustração, as expressões artísticas, mas também as ciências e o ambiente.[258] Desde então, dezenas de turmas, do maternal ao ensino médio, participaram dos projetos que ela concebeu junto com professores voluntários. Todos eles incluíram visitas a parques e jardins, e uma realização vinculada com o tema: plantar um jardim, escrever uma história, uma peça de teatro ou um conto musical, criar esculturas ou uma coreografia... O que surpreende é a maneira como a ideia foi posta em prática em múltiplas variantes, sem jamais se repetir; a inventividade das pessoas foi o que lhe deu vida. Assim, jardins bem diferentes foram visitados por uma turma ou por outra, convidando a descobertas e realizações singulares: do jardim de Claude Monet em Giverny aos de Chaumont-sur-Loire, da horta do rei em Versalhes (onde aprendem, por exemplo, que Luís XIV adorava as pereiras e as figueiras, e que os jardineiros se escondiam quando ele vinha passear) ao jardim zen da Unesco, do Museu Rodin aos jardins operários que contam a história de gente humilde, sua solidariedade, suas interações para além das diferenças culturais etc.

A variedade dos trabalhos realizados é igualmente notável, quer se trate de jardins criados, da concepção de planos, maquetes, cata-ventos ou espantalhos, mas também da

---

*ginaire et jardin* inclui crianças e adolescentes durante os períodos escolar e extracurricular, mas também suas famílias e, mais amplamente, os habitantes dos bairros. Ver Aline Hébert-Matray, *L'Imaginaire au jardin*, Toulouse, Éditions Plume de Carotte, 2011, que revela a abundância das ideias aplicadas. Ver também <http://imaginaireetjardin.blogspot.fr>.

[258] *L'Imaginaire au jardin*, *op. cit.*, p. 8.

escrita, que assumiu a forma de haicais, diários de viagem, histórias com personagens inspirados em uma lista de ervas daninhas, cartas endereçadas ao "Meu querido jardim" em que se revelavam as preocupações dos adolescentes, linoleogravura... Escritores como Élisabeth Brami ou Michel Besnier fizeram parte dessa aventura, bem como ilustradores, artistas plásticos, fotógrafos, dançarinos ou músicos, sem esquecer os paisagistas, jardineiros e cientistas. Pois o projeto permitiu toda sorte de idas e vindas com a ciência quando foi necessário utilizar um quadro de orientação, conceber uma rosa dos ventos, construir viveiros ou encontrar membros do Departamento de Proteção aos Insetos, do Museu Nacional de História Natural ou do... Partido Poético, um "agrupamento de artistas, pensadores e criadores reunidos em torno de questões e de abelhas que eles instalam no espaço público".[259]

As atividades de *Imaginário e jardim* deram sentido às aprendizagens: "Estudamos geometria quando temos a necessidade de realizar círculos, quadrados ou simetrias; as ciências da vida assumem todo o sentido quando estudamos o crescimento das plantas; a ortografia, a gramática e a riqueza lexical são indispensáveis para produzir escritos; a história da cidade serve de ponto de partida para o estudo da história da França",[260] da literatura ou da pintura. Mas essa educação artística e sensível modificou igualmente as relações que as crianças tinham entre si e lhes deu muito orgulho. "Fizemos um bom trabalho e escavamos fundo", disse uma delas.

---

[259] "Como seu nome não indica, este coletivo interroga o cotidiano e tenta ver se ele está em outro lugar, em especial por intermédio da arte e dos recursos dos territórios." Ver <http://www.parti-poetique.org> e <http://www.banquedumiel.org/equipage.html>.

[260] Ver "Imaginaire et jardin dans les écoles d'Épinay-sur-Seine", Centre de Ressources sur l'Éducation Prioritaire, Académie de Créteil, em: <http://www.ac-creteil. fr/zeprep/actions/05_epi_jar_pres.html>.

Ela lhes permitiu apropriar-se de seu ambiente de maneira compartilhada ("trabalhamos duro para que nosso jardim ficasse magnífico"). É toda uma relação com aquilo que as rodeia, com o mundo, que foi construída: "a simbólica do jardim permite que cada criança pense sua relação com o mundo e, assim, encontre ali seu lugar", diz Aline Hébert--Matray, que escreve ainda:

> "O jardim, assim como o livro, é um espaço de retiro e de evasão, um lugar de criatividade no qual escapamos de um tempo dificultoso para nos encontrar na intimidade de nossos sonhos e de nosso imaginário. [...] Escrever e ilustrar um livro, imaginar e conceber um jardim não são atividades artísticas tão afastadas quanto podem parecer. Traduzir representações no espaço em 2D do livro ou numa superfície não altera fundamentalmente as coisas. Basta considerar o jardim como um livro a céu aberto no qual contamos uma história."[261]

### "Não é diversão, é maiêutica"

Em muitos lugares, existem iniciativas fascinantes que a ampliação da educação artística e cultural permitiria multiplicar. Esta pressupõe associar uma prática artística ou literária (desenhar, dançar, construir, cantar, tocar, escrever...), uma relação direta e sensível, com as obras de ontem e de hoje (com visitas a exposições, monumentos, parques, espetáculos ou leituras), uma reflexão sobre o que é vivido e uma apropriação de conhecimentos de diversas disciplinas relacionadas às obras. Não se trata, assim, de uma matéria como qualquer outra, que seria ministrada por um professor espe-

---

[261] Aline Hébert-Matray, *L'Imaginaire au jardin*, *op. cit.*, p. 162.

cializado e avaliada de maneira tradicional, mas de uma experiência criativa que se desenvolve em um espaço de liberdade e de compartilhamento de ideias, em que a intervenção de artistas ou de escritores é essencial.

Diversos estudiosos estão de acordo, hoje em dia, em reconhecer que a generalização dessa educação desde a mais tenra idade e durante toda a escolaridade "impõe-se como a única solução para satisfazer ao mesmo tempo o imperativo da renovação pedagógica na escola e a exigência da igualdade de acesso à cultura", como afirma Emmanuel Wallon.[262] Um grande número de experiências inovadoras, algumas delas já antigas, outras recentes e abrindo espaço para o uso das tecnologias digitais, são prova disso. Em 2007, um simpósio reuniu em Paris pesquisadores e especialistas de todos os horizontes artísticos ou científicos, vindos de quarenta e cinco países. Eles compararam seus trabalhos para fazer um mapa da situação e avaliar os efeitos da educação artística, e concluíram: "Apesar das diferenças evidenciadas nas pesquisas, estudos e experimentos realizados em todos os países presentes [...] uma constante aparece muito nitidamente nos resultados: a arte na escola modifica as percepções e os comportamentos perante os saberes e os métodos de aprendizagem, e contribui de forma determinante para o ato de 'aprender a pensar'".[263]

Em todo lugar, eles observaram que a metodologia empregada, baseada na atenção, na observação, na escuta, no

---

262 Emmanuel Wallon, "Une chance historique pour l'éducation artistique et culturelle", *Revue Socialiste*, nº 47, junho de 2012. Disponível em <http://e.wallon.free.fr/spip.php?article107>.

263 *Évaluer les effets de l'éducation artistique et culturelle*, simpósio europeu e internacional de pesquisa por iniciativa do Ministério da Educação e do Ministério da Cultura franceses, Paris, Centre Georges Pompidou, 10 a 12 de janeiro de 2007: <http://webetab.ac-bordeaux.fr/Pedagogie/ArtsAppli/evaluerleseffets.htm>.

questionamento e no compartilhamento, restitui o sentido dos fazeres e estimula o interesse diante da aprendizagem, combinando trabalho e brincadeira. Estabelecem-se vínculos entre corpo e simbolização, facilitando o acesso a esta última. A educação para a arte e pela arte favorece o desenvolvimento do pensamento, da curiosidade, da linguagem e do espírito crítico. Desse modo, ela contribui decisivamente para a diminuição do fracasso escolar. "Não é diversão, é maiêutica", continua Wallon. "A educação artística nada tem de uma externalidade em relação à missão constitutiva da escola: ela é um imperativo para sua realização."[264] A transversalidade entre campos e disciplinas é encorajada. Por exemplo, dançar se mostra um excelente caminho para compreender o funcionamento do corpo humano, e os professores de ciências da vida ficam muito contentes com isso.

Essas mudanças exigem também, como notam os estudiosos, certas modificações na atitude dos professores:

> "Quando os professores conseguiam mudar seu comportamento diante dos conhecimentos e não mais os consideravam como um fim em si, mas simplesmente como ferramentas que facilitavam a construção do indivíduo e permitiam uma integração social bem-sucedida, a relação de autoridade se modificava e a aprendizagem não era mais percebida como obrigação indispensável. O próprio conceito de 'trabalho', 'dever' e 'esforço' ganhava outro sentido, graças, sobretudo, à presença de artistas ou de convidados 'externos' à classe."[265]

O que está em jogo é, na verdade, uma outra maneira de pensar e de trabalhar, na qual as práticas artísticas dialo-

---

264 Emmanuel Wallon, "Une chance historique pour l'éducation artistique...", *op. cit.*

265 *Évaluer les effets de l'éducation artistique...*, simpósio citado.

gam com os métodos científicos, e a sensibilidade, com o intelecto, para ler o real em sua complexidade. É levar em consideração a criança, o sujeito, em suas dimensões sensível, psíquica e física, não somente intelectual. É aguçar a atenção, estimular a criatividade, ampliar o imaginário, refinar a sensibilidade, experimentar diferentes pontos de vista, ter um olhar pessoal, uma postura ativa, aprender a pensar de forma original e fora de compasso.

Todas essas coisas, se nos ativermos ao registro "útil", são fundamentais no mundo de hoje, em que a economia requer cada vez mais criatividade e interações disciplinares. Aliás, os estabelecimentos de ensino superior "de excelência" não se enganaram a esse respeito. Na França, por exemplo, o Instituto de Estudos Políticos de Paris tornou obrigatória, há vários anos, a participação em oficinas voltadas para a escrita, o cinema, a dança, a arquitetura, a gastronomia ou as artes digitais:

> "Esses ensinamentos convidam os alunos a se interrogar sobre as artes enquanto meios de estudo, de aprofundamento e de representação dos desafios contemporâneos. Eles procuram, além disso, estimular a sensibilidade, as faculdades de comunicação e a acuidade intelectual de nossos estudantes, que são encorajados a soltar seu imaginário, explorar suas capacidades de expressão escritas, orais, sensoriais, corporais, o conhecimento de si próprios e do outro."[266]

"A imaginação, a inventividade, o comportamente aberto a mudanças tornaram-se qualidades essenciais", especificava Richard Descoings, que as impulsionou durante sua ges-

---

[266] Institut d'Études Politiques de Paris, ementa de ensino: <http://college.sciences-po.fr/siteparis/node/111>.

tão à frente do Instituto de Estudos Políticos de Paris. "Portadora de um olhar original acerca de nossas sociedades modernas e de sua história, a arte possibilita, de fato, novas leituras do real, estimulando ao mesmo tempo as capacidades criativas e as faculdades de transmissão dos estudantes. É por isso que todas as grandes universidades internacionais pensam, de maneiras diversas, em criar novos vínculos com a criação artística."[267]

Até o presente momento, a educação artística tem sido aplicada, em sua essência, em dois tipos de estabelecimento: lugares voltados para a formação das elites e, no outro extremo, em certas escolas que acolhem crianças e adolescentes oriundos de ambientes distantes da cultura escrita e das artes constituídas. Se ela facilita uma reconciliação com a aprendizagem, há muito mais que isso em jogo, ela também não encontra sua única razão de ser na eventual formação de praticantes desta ou daquela arte. Em qualquer idade, ela solicita o corpo como suporte sensível e cognitivo, o que muda a relação consigo mesmo e com os outros, como observamos, por exemplo, nas oficinas desenvolvidas pelo Centro Nacional da Dança: "Os alunos da 4ª série [equivalente ao nono ano no Brasil] dançam uns diante dos outros. Nunca ouvi nenhuma zombaria em relação ao corpo de algum deles. Além disso, eles podem se tocar, mas nunca fizeram nada de invasivo. Isso é algo surpreendente para alunos dessa faixa, e é muito bonito, nada simples em uma idade em que o corpo está em plena transformação e alvoroço".[268] Como não

---

[267] Brochura do Programa de Experimentação em Arte e Política, Sciences Po: <http://speap.fr/plaquette/SPEAP_Brochure.pdf>.

[268] Jean-Marc Lauret e Olivia-Jeanne Cohen, *Actions pilotes en matière d'éducation artistique et culturelle dans les établissements nationaux du Ministère de la Culture*, Ministério da Cultura e da Comunicação francês, junho de 2009: <http://www.culturecommunication.gouv.fr/content/.../actionspilotes2009.pdf>.

pensar aqui no maravilhoso filme *Sonhos em movimento* (sobre a reencenação de um espetáculo de Pina Bausch por adolescentes sem nenhuma experiência anterior em teatro ou dança), em que vemos até que ponto a formação da sensibilidade e uma educação sentimental eram aspectos que também estavam em jogo. Ou na oficina evocada no capítulo anterior deste livro, em torno do mito de Orfeu.

O vínculo com os pais também é frequentemente enriquecido. Por exemplo, diversos museus organizam visitas nas quais as crianças ou adolescentes apresentam a seus pais o local, ou uma obra que cada um deles escolheu. No Louvre, no final do ano, "os professores dos mais jovens percorrem as salas com os pais, apresentam-lhes uma seleção de obras estudadas e pedem que as crianças falem sobre os trabalhos realizados após as visitas ao museu. Os alunos mais velhos preparam em sala de aula o percurso que vão propor a suas famílias no final do ano e se tornam — quase sempre com orgulho e ansiedade — guias do Louvre por um dia".[269] Os professores do Réseau Ambition Réussite de Les Tarterêts, em Corbeil-Essonnes,[270] decidiram, por sua vez, travar outras relações com os pais. Estes são preparados, desde que assim o solicitem, para se tornarem auxiliares durante uma visita ao museu:

> "Assim, o museu torna-se o local em que o lugar do adulto se restaura, mediador de valores, atitudes, co-

[269] *Ibid.*

[270] Réseau Ambition Réussite (RAR) foi um plano lançado em 2006 pelo Ministério da Educação francês com o objetivo de promover a igualdade de oportunidades em contextos sociais particularmente difíceis, por meio de projetos educativos que articulam a escola, as famílias e outros parceiros. Les Tarterêts, em Corbeil-Essonnes, é um bairro ao sul de Paris que se tornou emblemático da condição explosiva das periferias francesas. (N. da T.)

nhecimentos e práticas culturais cuja transmissão se faz possível em família, por pais valorizados em seu papel educativo. O Museu do Louvre é, assim, o palco em que os diferentes 'transmissores' de cultura, professores, funcionários, e mesmo pais e filhos, alternadamente se questionam e transmitem conhecimentos, aprendendo a ver juntos."[271]

Por meio de parcerias com instituições culturais e associações, a educação artística abre os estabelecimentos escolares para o seu próprio entorno, próximo ou mais distante, oferecendo a ocasião de descobri-lo, de explorá-lo, de se apropriar dele, como vimos com o projeto *Imaginário e jardim*. Ela leva a visitar as coxias de lugares de prestígio até então ignorados ou vistos como excludentes, como os teatros de ópera e as casas de concerto, e permite encontrar as pessoas que lhes dão vida com seus diversos ofícios. É também com passeios por lugares aparentemente banais, mas que foram retratados por um artista ou escritor de um jeito diferente, que o espaço se torna visível. A educação artística não é a solução para tudo, longe disso, mas ela contribui para a apresentação poética do mundo de que venho falando ao longo deste livro, para essa reconciliação com o que nos rodeia, e que nos abre um lugar; para que aquela cidade e aqueles campos ao redor também possam ser sonhados — dimensão sem a qual não seria possível habitá-los.

Esses passeios e deambulações não são um luxo. Eles contribuem para a construção de um sentimento de pertencimento, para que nos sintamos parte interessada de um lugar, mais responsáveis, mais desejosos de cuidar dele. Elas participam, assim, no aprendizado do ofício de cidadão, ainda mais porque o que está no cerne de muitas oficinas é pre-

---

[271] *Ibid.*

cisamente debater em pequenos grupos a partir de textos ou gestos artísticos. As "humanidades" não são tanto conteúdos a analisar quanto uma prática, uma conversa, uma reflexão. É nisso que elas vão ao encontro da "educação voltada para a democracia", que invoca Martha Nussbaum.[272]

Entretanto, vale lembrar que os profissionais com experiência na área costumam chamar a atenção para os perigos de uma instrumentalização da educação artística. Como disse uma professora: "Não podemos convidar as crianças a fazer música para serem melhores em matemática ou se tornarem bons cidadãos".[273] É preciso, talvez, acrescentar que se trata de uma área que não suporta a mediocridade ou a demagogia.

### Múltiplas resistências

Posto que aquelas e aqueles que avaliaram seus efeitos estão de acordo, de maneira geral, em reconhecer suas vantagens, por que a educação para a arte e pela arte continua a ser relegada à margem do ensino? Durante o simpósio de 2007, "todos constataram o desalinhamento entre o discurso oficial, generoso, por vezes demagógico, e a aplicação das políticas educativas". É "a arlesiana do debate público", diz Wallon.[274] "O fato de que o ensinamento artístico possa re-

---

[272] Ver Martha Nussbaum, *Les Émotions démocratiques*, *op. cit.*

[273] Citado em *Rapport sur la politique des pouvoirs publics dans le domaine de l'éducation et de la formation artistiques*, apresentado por Muriel Marland-Militello, Assemblée Nationale, 2005: <http://Assemblee-nationale.fr/12/rap-info/i2424.asp>.

[274] Na tradição literária francesa, uma "arlesiana" é uma personagem de ficção que é descrita ou mencionada, mas que nunca aparece em cena. (N. da T.)

presentar um papel de primeiro plano no desenvolvimento intelectual, sensível e estético das crianças permanece muito pouco conhecido e reconhecido", aponta um relatório apresentado ao Senado da França. "Embora sucessivos governos tenham anunciado seu desejo de reforçar a educação artística, é forçoso constatar que esta ainda parece ser considerada secundária, e até mesmo marginal, na formação dos jovens franceses."[275] Os poderes públicos chegam a colocar em dúvida regularmente os projetos pouco tempo depois de serem iniciados, ainda mais em tempos de limitações orçamentárias.

Na verdade, são muitas resistências combinadas. A dos políticos, sobretudo os de direita, sensíveis às mídias que divulgam enormemente os discursos de lamentação quanto às atividades "recreativas" que afastariam a escola de seus "fundamentos", e pouco levam em conta as avaliações científicas. A de muitos pais, pouco informados sobre essas avaliações e preocupados com uma rentabilidade imediata. A das administrações que relutam em trabalhar em conjunto, mesmo quando diversos parceiros locais parecem estar alinhados. A de artistas ou escritores desencantados, visto que a implicação deles nesses projetos é pouco reconhecida e mal remunerada. A de muitos professores que veem nisso um aumento de sua carga de trabalho, ainda mais porque a valorização de sua carreira pouco leva em conta seu empenho e porque eles não se beneficiam de uma formação na área (e, no entanto, seria o caso de desenvolver as dimensões artísticas e culturais de todas as disciplinas).[276] E, por fim, das crianças e ado-

---

[275] Emmanuel Wallon, "Une chance historique", *op. cit.*

[276] Como recomendou a missão de informação para conduzir uma reflexão sobre a política dos poderes públicos no domínio da educação e da formação artísticas. Estamos longe disso: por exemplo, nove décimos dos professores de história não têm nenhuma formação em história da arte! Ver *Rapport sur la politique des pouvoirs publics...*, *op. cit.*

lescentes que, num primeiro momento, resistem a atividades que não lhes parecem "feitas para eles", como aconteceu com os alunos do liceu Jean Geiler, de Estrasburgo, inicialmente reticentes diante de um projeto com a Ópera Nacional do Reno — mas todos entusiasmados em seguida![277]

Em termos gerais, na França, cerca de 10% dos alunos teriam se beneficiado em 2012 de um dispositivo de educação artística e cultural "complementar aos ensinos".[278] Dez anos antes, 20 mil turmas de Projeto Artístico e Cultural haviam sido abertas. O dispositivo, que se dirigia a uma classe inteira, associava parceiros; era julgado pouco oneroso, tomando apenas de 8 a 12 horas por ano. Era bem pouco, mas era um começo. O número dessas turmas deveria ter se multiplicado por cinco em cinco anos. Depois de progredir durante alguns anos, ele colapsou a partir de 2008. Como se fosse um luxo em tempos de crise, embora, ao contrário, a cultura continue a ocupar um lugar central na resistência aos efeitos mortíferos de uma crise.

Num quadro mais amplo, são as modalidades de formação dos professores que deveriam ser repensadas para se dirigir à sua sensibilidade, e não somente à sua inteligência especulativa, abstrata. Como diz Sophie Curtil, "uma educação para a arte solicita particularmente a sensibilidade, a intuição, o espírito de síntese, suscita a analogia e a metáfora que estão cruelmente ausentes no ensino analítico e racional dominante".[279] E Gérard Mortier: "É preciso ensinar aquilo

---

[277] *Ibid.*

[278] *État des lieux des dispositifs d'éducation artistique et culturelle*, Ministério da Educação francês, 2012.

[279] Sophie Curtil, "Création et médiation: quelques réflexions sur l'accès à l'art et à la culture pour le jeune public", *Revue des Livres pour Enfants*, nº 272, setembro de 2013, p. 100. Ver também a entrevista publicada no nº 246.

que a arte tem de sensual, educar os jovens a ouvir a obra de Mozart em vez de tentar por força explicar-lhes os esquemas segundo os quais ele compunha". Isso pressupõe que os próprios professores tenham essa experiência... caso contrário, correm o risco de enfiar o dedo no bolo.

## As bibliotecas, amanhã

Essa educação exige também, como vimos, uma articulação entre as artes do fazer, uma verdadeira cultura de parceria na qual cada um respeita a personalidade do outro, sua abordagem, e aprende a conhecê-lo. E se existem parceiros que poderiam ser privilegiados nesse aspecto, são as bibliotecas, que estão presentes em territórios muito variados. As pessoas que lhes dão vida já propõem, na maioria das vezes, diferentes mediações. Sylvie Octobre vê nisso, aliás, um dos elementos que explica seu sucesso, com a transformação da oferta, a abertura, a liberdade de acesso e a gratuidade.[280]

"Nós cuidamos de livros, mas também de eventos ligados à vida cultural para as crianças e suas famílias", explica Violaine Kanmacher, responsável pelo departamento juvenil da Biblioteca Municipal de Lyon Part-Dieu. Ali, ela se empenhou em dedicar atenção às necessidades dos usuários desde a mais tenra idade, incentivando a mescla de gêneros e múltiplas parcerias: "O livro entra em ressonância com projeções, concertos, encontros, oficinas e exposições, mas também com o mundo digital. Trata-se de criar vínculos entre diferentes criadores. As crianças vêm à biblioteca para utilizar um lugar. Esses espaços tornaram-se acolhedores. A biblioteca não é somente um lugar de passagem. Ela é um lugar

---

280 "Pratiques culturelles chez les jeunes...", *op. cit.*, p. 8.

agradável onde a partilha é possível".[281] Violaine Kanmacher coordenou eventos que davam espaço à criação contemporânea e às artes digitais, como a exposição *RéCréation*. Foi pedido aos artistas que criassem algo que estivesse em constante recriação e interação com o público a fim de configurar uma cidade imaginária, a "Cidade da Cultura", em que cada pessoa foi convidada a traçar seu próprio caminho:

> "O princípio da cenografia é recortar o espaço em três bairros — dedicados às artes plásticas, às artes digitais e às artes do espetáculo —, com seis a oito módulos cada, correspondentes a uma arte diferente. Para as artes gráficas, eram o design, a *street art*, o cinema de animação, a ilustração ou a arte contemporânea.
>
> A inovação afeta os modos de transmissão do conhecimento. Geralmente, uma exposição ou uma coleção são organizadas com vistas a um aprendizado. Quisemos romper com esse modelo. *RéCréation* é uma exposição 2.0. Não vivemos mais em um campo de conhecimento inalterável, mas em um conhecimento transmitido por uma inteligência coletiva. Os visitantes são convidados a criar, mas também a fazer perguntas aos artistas, que lhes responderão igualmente por meio do Guichê do Saber. É como se, no Musée d'Orsay, pudéssemos perguntar a Paul Gauguin por que ele pintou aquele cachorro de vermelho, ou a Manet, quem é aquela senhora. O discurso sobre a obra será construído a partir dessa troca.
>
> [...] Desejamos desintelectualizar o discurso sobre a obra de arte e privilegiar a experiência e as emoções, mostrar que a arte se vive com todo o corpo.

---

[281] *Séminaire sur le développement de la lecture des jeunes*, *op. cit.*, p. 9. Ver também seu artigo "Enfants et jeunes en bibliothèque", *BBF*, vol. 58, nº 2, 2013, <http://bbf.enssib.fr/consulter/bbf-2013-02-0087-001>.

> [...] A exposição é pensada para uma nova geração que tem vontade de ser surpreendida, que não deseja ser um cordeirinho que segue um percurso imaginado previamente para si."[282]

Sophie Curtil, munida de suas experiências como artista, designer de livros de arte para crianças e educadora infantil no Centro Georges Pompidou, escreve por sua vez: "Hoje em dia é inegável que as bibliotecas, mais que os museus, tiveram mais sucesso no papel de polo cultural que imanta e irradia sobre todo um território, e em tornarem-se portas de entrada na cultura para as crianças, os jovens e suas famílias. São as bibliotecas que criam os vínculos com as outras instituições culturais e com o grande público".[283] Para explicar esse sucesso, ela também insiste no fato de que as bibliotecas são visíveis, gratuitas e acolhedoras, elas se dirigem a todos e o público vem a elas livremente, e, ainda, oferecem equipamentos e programações muito variados, sobretudo com relação à criação viva. E acrescenta: "Poderíamos nos perguntar se o livro, que está no fundamento das bibliotecas, tem algum papel nessa aptidão para reunir, para interligar, para criar laços".

Pois, efetivamente, os laços são consubstanciais ao objeto livro (talvez ainda mais quando se trata do códice feito de folhas costuradas, reunidas por uma capa). A obra que ele abriga, constituída de fragmentos articulados entre si, é reproduzida em múltiplos exemplares destinados a circular. Ela cria relações com aqueles que já a leram ou lerão um dia. Os livros emprestados pelas crianças permitem a elas "traçar fisicamente uma relação entre a biblioteca e a casa, além de ser

---

[282] Entrevista publicada no *Libé-Lyon*, 3 de abril de 2013: <http://lyon.blogs.liberation.fr/info/2013/04/cest-lheure-de-la-récréation-à-la-bibliothèque-de-la-part-dieu-les-origamis-en-bronze-font-rêver-les.html>.

[283] Sophie Curtil, *op. cit.*, p. 97.

um objeto de compartilhamento entre irmãos e irmãs, mas também entre gerações, com os adultos presentes na casa".[284] Por guardarem esses objetos em seu cerne, as bibliotecas teriam uma vocação particular para ser o lugar dos laços, mesmo que o corporativismo, a rotina ou a falta de conhecimento levem certos profissionais a se fecharem em copas. Os museus, por outro lado, tiveram inicialmente uma missão bem diferente: conservar peças únicas e originais. E no caso de vários deles, os conservadores resistiram por muito tempo a abrir as coleções para um público amplo.

No momento em que devem reestruturar seus objetivos e seu papel na sociedade, muitas bibliotecas tornam-se um espaço de cruzamento entre os livros e as artes, a literatura e a ciência, um lugar para reunir o impresso e o digital, inventar eventos, mas também para acolher de maneira duradoura as novas formas de sociabilidade cultural que se desenvolvem em toda parte, em parceria com outras instituições e associações. Dito de outra forma: elas se tornam o lugar do público, antes de ser o lugar das coleções. Muitos debates têm ocorrido entre os profissionais, opondo às vezes os partidários da biblioteca como "terceiro lugar" (esse lugar que não é a casa nem o trabalho, no qual é possível se encontrar, conversar, relaxar) e os defensores de uma abordagem mais tradicional. Michel Melot lembra que as bibliotecas não são obrigadas a fundirem-se todas em um mesmo modelo...[285]

Além da educação artística e cultural dos mais jovens, a biblioteca ou a midiateca poderiam estar no cerne dessa trans-

---

[284] *Ibid.*, pp. 97-8.

[285] "A solução é simples como o ovo de Colombo: é preciso distinguir as bibliotecas que se atribuem como missão prioritária a conservação de documentos, em detrimento dos leitores, daquelas que se atribuem a missão de servir primeiramente aos leitores, em detrimento dos livros." Citado por Mathilde Servet, *La Bibliothèque troisième lieu*, tese de formação na ENSSIB, janeiro de 2009, p. 66.

missão cultural que hoje falta a muitas pessoas cujas vidas estão perturbadas (e por transmissão, é claro, refiro-me não somente a uma transmissão "vertical", intergeracional, mas de múltiplas formas de compartilhamento "horizontal"). Um lugar onde pensar de maneira transversal, nesta época em que os saberes, as funções, os espaços, as gerações e os tempos da vida estão compartimentados, fragmentados, e em que as artes, pelo contrário, atravessam cada vez mais as fronteiras. Em que é possível apropriar-se das tecnologias de ponta e das lendas antigas, dos escritos, imagens ou músicas de regiões próximas e de terras longínquas. Em que há lugar tanto para a luz como para a sombra, tanto para as experiências mais íntimas como para as vivências compartilhadas.

Encontrar-se em uma midiateca em que bens culturais estão presentes não é a mesma experiência que se encontrar em um centro comercial, em uma praça ou na casa de alguém. Pela simples presença daqueles objetos, cada pessoa está ligada a outros homens, outras mulheres, outros lugares, outras épocas, às vezes àquilo que eles conceberam de mais belo, de mais inteligente, de mais audacioso para dizer a experiência humana e a exploração do mundo.

A biblioteca é uma das instituições mais generosas já inventadas pelos humanos — desde que não a encontremos de portas fechadas a toda hora; e com a condição de ousar entrar nela, o que frequentemente pressupõe que os bibliotecários tenham sabido sair de lá. É um dos raros locais que escapam, pelo menos até hoje, à lógica onipresente do lucro. Ela dá testemunho de uma continuidade, é como um ponto de referência estável capaz de gerar um sentimento de pertencimento, tão comprometido em tempos de crise. "A biblioteca é como uma presença", disse-me uma mulher na periferia de Paris. Estamos bem além de um simples banco de informações mantido por profissionais técnicos.

Uma biblioteca ou uma midiateca é um lugar, uma arquitetura, bens culturais e profissionais disponíveis — ou, quando *realmente* não há um jeito de operar de outra forma, voluntários formados — que recebem as pessoas. Os três são indissociáveis, mas se fosse necessário hierarquizar, provavelmente aquelas e aqueles que recebem os visitantes são os mais importantes. Há uns quinze anos, durante uma entrevista, um rapaz disse: "Uma biblioteca não é somente um hangar para livros, é muito mais". Hoje, uma biblioteca não é somente um hangar para livros, computadores e *tablets*, é muito mais. Como dizia um outro rapaz, Hadrien: "A biblioteca, para começar, é um lugar que é humano, é absolutamente necessário que seja assim, mesmo se aterrissarmos na multimídia e na informática onipresentes. Se não houver a mediação humana, para que ela serve?".

Desejar ser acolhido por alguém que é o transmissor de um mundo ampliado, compartilhar novas formas de sociabilidade, ter conversas sobre a vida e explorar o que vivemos com a ajuda de mitos, romances, ensaios, canções ou filmes, pensar seu lugar no mundo, pensar esse mundo com a ajuda de múltiplos suportes e, através de todos esses caminhos, apropriar-se da cultura escrita e desta ou daquela arte, será que isso tudo vai diminuir nas próximas décadas? Será que cada pessoa poderá, em sua casa, conectar-se a todo o saber formalizado do mundo e viver em companhia de um amontoado de textos (em diferentes suportes), imagens, músicas, contribuindo para o bem-estar e inspirando o pensamento? Terá a democratização cultural se expandido a tal ponto que tornará caducos os lugares em que se emprestam esses bens, se explicam seus múltiplos usos, e se conversa a respeito deles? Além do fato de que semelhante difusão nos espaços privados não nos dispensaria de fazer uma reflexão sobre os lugares públicos, compartilhados, as ágoras culturais para acolher círculos de leitores ou adeptos dessa ou daquela prática, podemos praticamente ter certeza de que essa democratização não é para já. Assim como temos a certeza de viver por muito tempo em um mundo que comporta muitas segregações, fragmentações e violência. Ora, nesses contextos, necessitamos mais do que nunca de bens culturais para conter o medo e transformar as inquietações e os sofrimentos em ideias. Como dizia a psicanalista argentina Silvia Bleichmar: "o fundamental é resistir a sermos reduzidos a seres puramente biológicos. [...] A resistência da cultura é o direito ao pensamento".[286]

Penso na extrema diversidade dos estabelecimentos que pude visitar ou que foram evocados em minhas viagens. O pior foi certamente o que me contou um jovem brasileiro a respeito da "biblioteca" de sua escola: "era o lugar em que nos trancavam quando éramos castigados; eles nos fechavam lá e apagavam a luz, deixavam tudo escuro, ficávamos no breu total". Na Argentina, a mesma cena reapareceu, complementada por um detalhe: o aluno de castigo ficava no escuro na companhia do esqueleto da escola, relegado aos armários de livros perpetuamente trancados à chave.

O melhor talvez sejam essas bibliotecas amplamente abertas aos lugares que as rodeiam e onde se dão as passagens entre o mundo oral e o escrito, o corpo e a linguagem, e campos do saber, práticas culturais, culturas, espaços. Vou dar alguns exemplos. Nos jardins de Bogotá, há quiosques em forma de livros gigantes abertos;[287] as crianças vão até eles, escolhem um livro e o mostram ao bibliotecário para que leia para elas, depois o levam para casa. Em certas cidades do México ou da Espanha, quando vamos à feira, podemos carregar em nosso cestinho belas histórias emprestadas no estande da biblioteca, que fica entre duas bancas de frutas. No bairro de Queens, em Nova York, cada família que ganha um bebê recebe da biblioteca, como presente de boas-

[286] Entrevista realizada por Elisa Boland, *La Mancha*, Buenos Aires, 17 de novembro de 2003.

[287] Trata-se do projeto *Paraderos paralibros paraparques*, uma iniciativa da Fundalectura.

-vindas, uma obra escrita em sua língua de origem. Em São Bernardo do Campo, no estado de São Paulo, os habitantes podem registrar suas histórias de vida ou suas lembranças nas "estações memória" das bibliotecas escolares; estas em seguida podem ser consultadas da mesma forma que outros bens culturais e fontes de informação. Nas bibliotecas de Helsinque, na Finlândia, é possível pegar emprestado instrumentos, gravar sua música em um estúdio de gravação e deixá-la em uma prateleira para que outras pessoas possam escutá-la. Em Aarhus, na Dinamarca, uma biblioteca motorizada vai até onde estão os jovens, em shows, festivais e praças públicas; os bibliotecários colocam à disposição almofadas, computadores e uma rede Wi-Fi, e conversam. Em Copenhague, na beira do rio, o soberbo edifício da nova biblioteca (um bloco inclinado de mármore preto e cristal, conhecido como Diamante Negro) fica contíguo à antiga Biblioteca Real: bela metáfora arquitetônica em que o passado se integra ao futuro e está ligado a ele por diversas passagens. Em toda parte, encontramos jovens que leem, trabalham, conversam ou sonham, comendo um sanduíche, e não há uma migalha sequer no chão. Além das coleções, todas digitalizadas, mas igualmente disponíveis em papel, encontram-se exposições temporárias e uma sala de concerto com uma orquestra própria. Em Bolonha, na Itália, uma sala para a primeira infância foi concebida com os pais, munida de aquecedor de mamadeira e mesinhas para o lanche; ali, podemos encontrar até mesmo parteiras. No Canadá, a biblioteca de Toronto, uma das maiores do mundo, abriu uma "biblioteca humana": qualquer um pode contar a história de sua vida de imigrante, de monge budista, de jornalista célebre ou de avó ativista a quem quiser escutar. Em Córdoba, na Argentina, podemos dançar nas bibliotecas populares, aos domingos.

Também se dança (principalmente o flamenco) em algumas ocasiões na Biblioteca Louise Michel, no 20º distrito de Paris, concebida por Blandine Aurenche; e depois se toma chá, se canta e se sonha num pequeno jardim.[288] *Mens sana in corpore sano*: a Alhóndiga de Bilbao, por sua vez, retomou a antiquíssima máxima de Juvenal e a midiateca foi posta ao lado de duas piscinas, um solário, um ginásio, restaurantes e cinemas. O design foi concebido por Philippe Starck. É preciso destacar que a midiateca fica aberta todos os dias até as 9 ou 10 horas da noite.[289]

"Um espaço retirado, destinado a produzir, entre os homens e as coisas, e também entre os próprios homens, uma calmaria": o que Jean-Christophe Bailly diz sobre o jardim poderia muito bem qualificar uma biblioteca. Ainda mais, continua ele, porque essa calmaria pode ser "sentida como uma desaceleração do tempo, combinada a uma dilatação do espaço", mas também, "e certamente, antes de tudo, como uma calmaria na relação entre as palavras e as coisas".[290]

Não sei se seria preferível que esses espaços fossem "retirados", como uma praia afastada, ou que estivessem no coração da cidade. Em qualquer dos casos, é preciso protegê-los e agradecer àquelas e àqueles que os animam e lhes dão vida.

---

[288] Ver Hélène Certain, "Bibliothèque familiale et familière", *Bulletin des Bibliothèques de France*, 2013, 2, pp. 60-4.

[289] A Alhóndiga é um centro municipal de lazer, cultura e esportes, situado em Bilbao, na Espanha. Esse antigo armazém de vinho, datado do início do século XX, foi reformado e reinaugurado em 2010, com auditório, biblioteca, salas de cinema, sala de exposições, ginásios, piscinas, lojas, restaurantes e estacionamento subterrâneo. (N. da T.)

[290] Jean-Christophe Bailly, "Retour aux allées", em *La Phrase urbaine*, Paris, Seuil, 2013, pp. 234-6.

# EPÍLOGO

> "Só o pequeno colibri se movia, indo buscar algumas gotas com seu bico para lançá-las sobre o fogo. Depois de um momento, o tucano, irritado com essa agitação ridícula, lhe disse: 'Colibri! Você está louco? Está achando que com essas gotinhas de água vai conseguir apagar o incêndio?'. E o colibri lhe respondeu: 'Não, mas estou fazendo a minha parte'."
>
> Lenda ameríndia[291]

Aos pais e transmissores culturais, direi simplesmente o seguinte. Mesmo que as crianças para quem vocês leem histórias não se tornem leitores, vocês não terão perdido seu tempo. Vocês terão forrado os bolsos delas, enchido seu baú do tesouro com palavras, narrativas, imagens que elas poderão utilizar para não se sentir despidas, perdidas, diante do que as rodeia, ou para enfrentar seus próprios demônios. Vocês as terão ajudado a construir lembranças que elas ainda vão revisitar muito tempo depois. Vocês terão aberto espaços propícios ao brincar, ao sonho, ao pensamento, à exploração de si e do mundo, aos compartilhamentos, que são essenciais para seu desenvolvimento estético, psíquico, intelectual.

Vocês terão contribuído para lhes apresentar o mundo, para torná-lo um pouco mais habitável. Nestes tempos de grande brutalidade, vocês terão preservado momentos de transmissão poética que escapam à obsessão da avaliação quantitativa e ao alarido ambiente. Por tudo isso e muito mais, vocês terão realizado uma obra mais do que "útil".

---

[291] Citada por Aline Hébert-Matray em *L'Imaginaire au jardin*, *op. cit.*, p. 202.

Atualmente, políticos e autoproclamados especialistas nos exortam o tempo todo a nos adaptarmos às limitações impostas por uma autoridade externa à qual seria preciso se submeter, como uma fatalidade. Cada um de nós está constantemente sob chantagem: se você não obedecer, será riscado do mundo contemporâneo, de suas exigências. Isso também pesa sobre as crianças, desde cedo. Pais e professores sabem que elas terão de se chocar contra os "terríveis pepinos da realidade", como diria Prévert.[292] Eles se perguntam como ajudá-las a se armar da melhor maneira possível para enfrentá-la, para encontrar o seu lugar. E às vezes sentem a inquietude de que, talvez, as preparem muito bem para um mundo que, no entanto, acabamos de deixar para trás.

Todavia, quando os pais cantam para as crianças, quando lhes contam ou leem uma história, quando se maravilham com elas com ilustrações ou desenhos animados, eles estão fazendo uma espécie de promessa: que elas poderão se afinar, como se fosse musicalmente, pelo menos de tempos em tempos, àquilo que está ali. O que é bem diferente de se adaptar. Eles as deixam entender que existem outros espaços, físicos e psíquicos, frágeis e preciosos, em que é possível se aproximar dessa afinação. E que é necessário preservá-los para que o mundo a que chamamos de *real* seja ao menos um pouquinho habitável.

É isso também que oferecem aquelas e aqueles que, por toda parte, inventam formas de compartilhamento em torno da literatura e das obras de arte, de maneira muito viva, pois estão convencidos de que não somos apenas variáveis econômicas. Com suas palavras, mas também sua voz, seu corpo,

---

[292] No original, "les terrifiants pépins de la réalité", último verso de um poema de Jacques Prévert, "Promenade de Picasso" ("Passeio de Picasso"). Embora "pépin", a rigor, signifique "semente", a expressão francesa "les pépins de la realité" tem o sentido de "os problemas", "as agruras" ou, em linguagem coloquial, "os pepinos da realidade". (N. da T.)

seu encanto e sua energia, eles tornam mais atraentes a apropriação de textos, de imagens e de músicas, fazendo com que as crianças e os adolescentes compreendam que, se assim decidirem, poderão beber tanto quanto quiserem de obras nas quais escritores e artistas disseram o mais profundo da experiência humana, sob uma forma estética. Por meio delas, essas crianças poderão se aproximar um pouco mais daquilo que o mundo, e elas próprias, comporta de desconhecido.

Sem se dar conta, esses transmissores participam de um mesmo movimento que reúne homens e mulheres desejosos de viver tempos criativos e não serem reduzidos à formatação de uma lógica gerencial, produtivista. Eles sabem que para viver, para pensar, para conversar com felicidade, é preciso ter a cabeça um pouco nas nuvens.

Paris, fim de tarde. Chove a cântaros. Na estação Porte d'Orléans, espero o metrô de superfície pensando neste livro que acabo de escrever. Céu pesado, cidade cinzenta, passantes vestidos de preto, cada um sob seu guarda-chuva, ensopados, os rostos tristes desse inverno que não acaba. O metrô chega, a multidão se apressa para entrar, e eu junto com ela. À minha frente, virado para trás, um adolescente de jeans, tênis e fones de ouvido, olha alguma coisa às minhas costas, com os olhos erguidos. Seu olhar cruza o meu, ele sorri e aponta com o dedo para o céu. Eu me volto. Um arco-íris quase perfeito, de cores intensas, está bem ali, naquele céu cinza-escuro, pairando sobre a cidade. É muito belo, muito raro. Eu, por minha vez, sorrio para ele.

Ele tem dezesseis anos, eu tenho cinquenta a mais, não temos nada em comum, mas ele sentiu a necessidade de compartilhar o que vira, o que o surpreendera e maravilhara. Alguns minutos depois, no vagão do metrô, eu o entrevejo, um pouco à distância, os olhos baixos, mergulhado em seus pensamentos, em sua música. Eu não lhe agradeci. Ele nunca vai ler estas páginas, mas é a ele que as dedico.

## SOBRE A AUTORA

Michèle Petit é antropóloga, pesquisadora do Laboratório de Dinâmicas Sociais e Recomposição dos Espaços, do Centre National de la Recherche Scientifique, na França, no qual ingressou em 1972. Inicialmente trabalhou ao lado de geógrafos em projetos que diziam respeito a países em desenvolvimento; mais tarde sua formação intelectual, que inclui o estudo das línguas orientais vivas e o Doutoramento em Letras e Ciências Humanas, foi profundamente marcada pelo encontro com a psicanálise.

A partir de 1992, o interesse crescente pela dimensão simbólica orienta suas pesquisas para a análise da relação entre sujeito e livro, privilegiando a experiência singular do leitor. Coordena, então, um estudo sobre a leitura na zona rural francesa e, logo depois, uma pesquisa sobre o papel das bibliotecas públicas na luta contra os processos de exclusão e segregação, tendo por base entrevistas com jovens de bairros marginalizados.

Nos anos seguintes, aprofunda suas reflexões sobre a contribuição da leitura na construção e reconstrução do sujeito, e desenvolve um estudo sobre as diversas resistências que a difusão da leitura desencadeia. Desde 2004 coordena um programa internacional sobre "a leitura em espaços de crise", compreendendo tanto situações de guerra ou migrações forçadas como contextos de rápida deterioração econômica e grande violência social.

Com obras traduzidas em vários países da Europa e da América Latina, Michèle Petit é autora dos livros *Nuevos acercamientos a los jóvenes y la lectura* e *Del espacio íntimo al espacio público* (ambos publicados em espanhol, no México, em 1999 e 2001, respectivamente); *Éloge de la lecture: la construction de soi* (2002), *Une enfance au pays des livres* (2007) e *Lire le monde* (2014), entre outros. No Brasil, a Editora 34 publicou *Os jovens e a leitura* (2008, selo "Altamente Recomendável" da FNLIJ), *A arte de ler* (2009), *Leituras: do espaço íntimo ao espaço público* (2013) e *Ler o mundo* (2019).

Este livro foi composto em Sabon,
pela Bracher & Malta, com CTP da
New Print e impressão da Graphium
em papel Pólen Natural 80 g/m² da
Cia. Suzano de Papel e Celulose para
a Editora 34, em junho de 2023.